Großvaters
Gartenwissen

Charlie Ryrie

Großvaters Gartenwissen

Altbewährte Praxistipps
fürs ganze Jahr

Bassermann

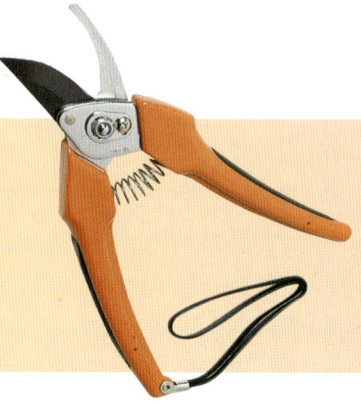

ISBN 978-3-8094-2409-3

© 2009 by Bassermann Verlag, einem Unternehmen der
Verlagsgruppe Random House GmbH, 81673 München
© Copyright der englischen Originalausgabe 2001 Quarto
Publishing plc
Originaltitel: Gardening Wisdom

Umschlaggestaltung: contact@inaction.de
Fotos: Paul Forrester
Übersetzung: Martin Rometsch
Redaktion: Berliner Buchwerkstatt, Ivana Jokl
Layout und Gestaltung: Berliner Buchwerkstatt,
Britta Dieterle
Druck: Star Standard Industries (Pte) Ltd

Printed in Singapore

115850104X 817 2635 4453 6271

DANKSAGUNGEN DER AUTORIN
Ich danke allen Gärtnerinnen und Gärtnern, die mich seit
vielen Jahren inspirieren und ihr Wissen mit mir teilen.
Mein besonderer Dank gilt meiner Mutter und Annette
Eaton, meiner Partnerin beim Gärtnern, ohne deren Rat
und Begeisterung ich wahrscheinlich immer noch im
Schlamm stecken würde.

INHALT

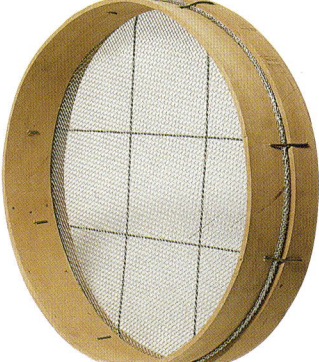

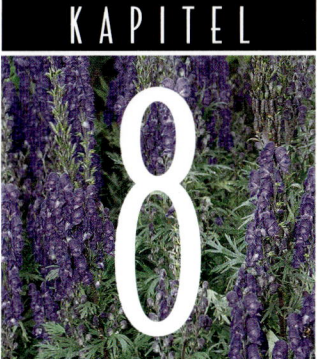

Einleitung

Gärten sind in der Geschichte der Menschheit relativ neu und wurden bis zum 15. Jahrhundert nur selten angelegt. Pflanzen waren dagegen immer wichtig für unser Leben und daher auch für Mythen und Gebräuche, – die widerspiegeln, wie unsere Beziehung zu den Pflanzen und die Gesellschaft sich verändert haben.

Das überlieferte Wissen über Gärten und Pflanzen ist so umfangreich, dass dieses Buch nur den Appetit anregen kann. Es zeigt jedoch, dass auch moderne Gärtner von uralten Erkenntnissen profitieren können. Viele alte Methoden sind heute noch ebenso aktuell wie vor Hunderten von Jahren.

EINE KETTE DES WISSENS

Auch heute noch verdanken viele Gärtner ihr Wissen Freunden und Verwandten und bauen es erst später durch Bücher, Zeitschriften und Fernsehsendungen aus. Ich habe viele Gewohnheiten der Pflanzenpflege von meiner Mutter übernommen, ohne sie je zu fragen, warum dies oder das nützlich sei – ich habe akzeptiert, was an mich weitergegeben wurde. Meine Großmutter wäre erstaunt, wenn sie wüsste, dass ich meine Geranien einmal in der Woche mit Tee gieße, doch sie und meine Mutter haben Topfgeranien immer mit Tee verwöhnt. Der einzige Unterschied ist, dass ich mehr Geranien und weniger Tee habe; darum sind die „Teeduschen" für mich etwas Besonderes. So ist es oft mit alten Bräuchen: Sie ändern sich im Laufe der Zeit, bis kaum jemand noch weiß, woher sie kommen. Dennoch haben sie ihren Sinn.

PFLANZEN IN ALTER ZEIT

Aberglaube und Magie spielten in den alten Kulturen eine wichtige Rolle und Pflanzen waren in allen Lebensbereichen wichtig: als Nahrung, Arznei, Putzmittel, Material für Kleider und Schutz vor bösen Geistern und Krankheiten. Als es weder Kalender noch Uhren gab, wiesen Pflanzen auf den Wandel des Wetters und der Jahreszeiten hin; sie waren aus dem Alltag nicht wegzudenken. Kein Wunder, dass sich zahlreiche Erzählungen um sie ranken.

Viele der alten Geschichten erweckten Furcht. Sie sollten Diebe und Fremde abschrecken und verhindern, dass jemand wichtige oder giftige Pflanzen ausriss. Es gab jedoch auch Erzählungen angenehmeren Inhalts, und bei genauerem Hinsehen können wir so manchen wahren und interessanten Kern in ihnen entdecken. Laut mittelalterlichen Quellen wuchsen zum Beispiel Weiß-

Im 16. Jahrhundert gehörte zu einem großen Haus meist auch ein Garten, doch die Pflanzenvielfalt war gering. Diese Szene aus Flandern zeigt Gärtner, die im Frühling jäten, schneiden und anbauen.

wangengänse an Bäumen. Das reizt uns heute zum Lachen, wer dem jedoch auf den Grund geht, erfährt, dass diese Gänse keine Tiere, sondern Pflanzen waren und man sie daher in der Fastenzeit essen durfte.

Das Wissen über Pflanzen stammte nie allein aus Büchern; es wurde mündlich an die nächste Generation weitergegeben. Bevor es Gärten gab, musste eine Hausfrau viel über Wildpflanzen wissen, und es liegt nahe, dass sich dabei Aberglaube mit Botanik vermischte. Doch ist es nicht erstaunlich, dass schlichte Pflanzen unser Leben erhalten, dass sie uns heilen oder töten, verrückt machen oder beruhigen, dass sie uns beim Putzen, Räuchern und Abschrecken von Schädlingen helfen, dass wir aus ihnen Kleider, Öl, Kosmetika, Papier und vieles mehr herstellen können?

FRAUENMANTEL

MAGISCHE KRÄFTE

Als der Glaube an Wunder und Zauberei noch ein Teil des Lebens war, wurden die Kräfte der Pflanzen Göttern, Dämonen oder Feen zuge-schrieben. Viele alte Pflanzennamen erinnern daran: Johanniskraut *(Hypericum perforatum)* ist eine Heilpflanze; der Stechapfel *(Datura stramonium)* kann tödlich sein oder den Charakter verän-dern; der Frauenmantel *(Alchemilla vulgaris)* ist ein sanftes Heilkraut, das nach der Jungfrau Maria benannt wurde; der Fin-gerhut *(Digitalis* ssp.) galt als Pflanze der Feen, die vor dem Bösen schützt.

MIMOSE

So mancher Aberglau-be zieht sich durch viele Kulturen. Pflanzen, die außerhalb ihrer Saison blühen, gelten fast überall als böses Omen. Beerensträucher mit gezackten Blättern, etwa die Vogelbeere *(Sorbus aucuparia)* und Mimose *(Mimosa* ssp.), bringen der Überlieferung nach Glück und schützen vor bösen Geistern, wenn man sie anpflanzt oder ihre Zweige bei sich trägt.

FINGERHUT

⬡ Diese Illustration aus dem 14. Jahrhundert zeigt Geister des
Grünen Mannes, die Adlige mit Tänzen, Liedern und Possen
erfreuen, um eine gute Ernte zu sichern.

SCHUTZGEISTER

Im vorchristlichen Europa waren Feste ein wichtiger Anlass, um den Pflanzengeistern zu danken.
Bilder des „Grünen Mannes" (ein Menschenkopf mit Laub als Haar und Bart) waren beliebt und
symbolisierten Fruchtbarkeit, Inspiration und Erneuerung. Es wurden auch Grüner-Mann-Puppen
gefertigt und mit Girlanden geschmückt. Aus jüngerer Zeit stammt die mythische Gestalt „Jinny
mit den grünen Zähnen", eine böse Hexe, die der Sage nach im Wasser lebte und Menschen
hineinzog und ertränkte. Vermutlich sollte diese Figur Kinder davon abhalten, zu nahe am Wasser
zu spielen.

HEILPFLANZEN

Die meisten Medikamente werden aus Pflanzen hergestellt. Die empfängnisverhütende Pille wird
aus wilden Yamswurzeln *(Dioscorea villosa)* gewonnen, der Schlafmohn *(Papaver somniferum)*
liefert Schmerzmittel wie Kodein und Morphin, Weidenrinde *(Salix* ssp.) enthält den Wirkstoff des

○ Dieses Bild aus dem 15. Jahrhundert illustriert den Glauben, dass die Alraune schreit, wenn ein mit Fleisch geköderter Hund sie entwurzelt.

Aspirins, und einige Antibiotika stammen von Schimmelpilzen. Heute werden Pflanzenbestandteile analysiert und synthetisiert; doch früher entdeckte man die meisten Heilpflanzen durch Versuch und Irrtum, und es wurden allerlei Theorien aufgestellt, um Wirkungen vorherzusagen. Für uns sind das Mythen, damals gab es jedoch nur einfache Instrumente und Analyseverfahren.

Im Mittelalter glaubten die Menschen, die Heilkraft einer Pflanze richte sich nach deren Eigenschaften: Gelbe Pflanzen sollten Gelbsucht heilen, parasitäre Pflanzen wie die Mistel *(Viscum album)* Parasiten vertreiben. Die Alraunen *(Mandragora officinarum)* sollten die Fruchtbarkeit fördern, weil sie dem menschlichen Unterleib ähneln, Efeubeeren *(Hedera helix)* bei Trunksucht helfen, weil der Efeu die Weinrebe erdrückt – das sind nur einige Beispiele. Blähende Pflanzen wie Linsen *(Leguminosae ssp.)* wurden am Rand eines Feldes angebaut, weil man davon ausging, dass dieses so vor Windschäden geschützt würde.

Die Indianer besaßen ein großes Wissen über Heilpflanzen, lange bevor die Europäer in ihr Land kamen. Der Medizinmann eines Stammes, ein Schamane, versetzte sich durch den Genuss bestimmter Pflanzen in Trance, um mit der Seele des Kranken zu sprechen und die richtige Arznei zu finden. Die damaligen Heilpflanzen gelten heute oft als giftig – jedenfalls hatten sie eine spürbare Wirkung. Arzneien gegen Schlangenbisse wurden aus Pflanzen gewonnen, deren Wurzeln, Blätter oder Blüten einem Schlangenkopf ähnelten. Später vermischte sich die indianische Heilkunst allmählich mit der Medizin der Siedler.

○ Indianische Medizinmänner wurden durch Rituale mit der Pflanze eins und fanden so die geeignete Arznei.

Im Europa des 17. und 18. Jahrhunderts spezialisierten sich immer mehr Kräuterkundige und Ärzte auf die Pflanzenheilkunde und entwickelten die so genannte Signaturlehre, um die Heilwirkung von Pflanzen zu erklären: Sie glaubten, Gott habe jede Pflanze „signiert" und ihr einen Hinweis auf ihre Wirkung mitgegeben. Pflanzen mit milchigem Saft, etwa Löwenzahn *(Taraxacum officinale),* sollten gut für stillende Mütter und für die Potenz der Männer sein. Pflanzen, die in Steinmauern wuchsen, sollten Nierensteine auflösen. Das Lungenkraut *(Pulmonaria* ssp.) verdankt seinen Namen den gefleckten Blättern, die entfernt der Lunge gleichen – daher wurde es bei Beschwerden der Atemwege verabreicht. Die Blüten und Blätter des Augentrostes *(Euphrasia* ssp.) sahen „blutunterlaufen" aus und sollten demzufolge Augenleiden heilen. Doch beruhte die Anwendung der Pflanzen auch auf praktischen Erfahrungen, und viele Rezepte gelten heute noch.

Vor 50 Jahren interessierte sich kaum jemand für Kräuterheilkunde. Heute ist sie weit verbreitet und die Wissenschaft stärkt ihr häufig den Rücken. Es ist faszinierend, die uralten Mythen und Mysterien zu ergründen, die von Pflanzen handeln, vor allem wenn wir einige dieser Pflanzen selbst anbauen.

KNOBLAUCHSRAUKE

NAMEN UND BEZIEHUNGEN

LUNGENKRAUT

Die volkstümlichen Namen der Pflanzen liefern oft wertvolle Hinweise darauf, was sie den Menschen einst bedeutet haben. Das Wilde Stiefmütterchen *(Viola tricolor)* heißt im Englischen „Hänschen hüpf", weil es überall aus der Erde springt, aber auch „Herzbalsam", weil es gegen Traurigkeit verordnet wurde.

Aus der Seifenwurz *(Saponaria* ssp.) kann vorzügliche Seife hergestellt werden und manche Museen verwenden sie heute noch, um empfindliche alte Stoffe zu reinigen. Der Schachtelhalm *(Equisetum* ssp.) heißt auch Zinnkraut, weil früher Töpfe und Pfannen damit geputzt wurden. Die Knoblauchsrauke *(Alliaria petiolata)* war Jahrhunderte lang ein wichtiges Gemüse. Die Weberkarde *(Dipsacus sativus)* wurde benutzt, um beim Weben Wollfäden zu kämmen. Dem Guten Heinrich *(Chenopodium bonus-henricum)* steht im Englischen der „Böse Heinrich", das giftige Bingelkraut *(Mercurialis annua),* gegenüber.

PFLANZEN UND PLANETEN

Vom Mittelalter bis zum 17. Jahrhundert war die Astrologie ein fester Bestandteil des täglichen Lebens. Deshalb überrascht es nicht, dass zwischen ihr und den Pflanzen ebenfalls Zusammenhänge hergestellt wurden. Die Tierkreiszeichen sollten den Pflanzen spezielle Kräfte verleihen. Um herauszufinden, welcher Planet welche Pflanze regierte, berücksichtigten die Astrologen die Heilwirkung, die Pflanzenfamilie und den Ort, an dem eine Pflanze wuchs. Wenn diese viel Feuchtigkeit brauchte oder in Tümpeln gedieh, wurde sie dem Mond zugeordnet, wenn sie trockene Plätze liebte, dem Mars. Die Astrologen widersprachen einander zwar, trotzdem war im 15. und 16. Jahrhundert der Glaube an planetare Einflüsse weit verbreitet.

Die ersten Siedler brachten dieses Wissen mit nach Amerika und dort entstand nach und nach ein neues Gartenbrauchtum. In ländlichen Gegenden der USA richten sich viele Gärtner noch heute nach den Tierkreiszeichen. Typisch ist der Glaube der Pennsylvaner, dass Kohlköpfe, die im Zeichen des Widders gesät werden, sich gut entwickeln und Feldfrüchte gedeihen, wenn man sie im Zeichen der Zwillinge pflanzt. Blumen, nicht aber Gemüse, sät man in der Jungfrau, da diese ja Blumen in den Händen hält.

Ist das nur Aberglaube oder verstocktes Festhalten an alten Sitten? Vielleicht, doch auch moderne biodynamische Gärtner richten sich nach dem Mond und glauben, dass Pflanzen von den Kräften der Erde und des Himmels beeinflusst werden. Sie kehren damit zu einer sehr alten Tradition zurück, die den Rhythmen der Sonne, des Mondes, der Planeten und der Sterne folgt und Menschen, Pflanzen und das gesamte Universum als Einheit betrachtet.

Gartenarbeit im Widder (April) auf dem böhmischen Gemälde *Monatszyklus* (15. Jahrhundert).

Camille Pissaros Gemälde (1832) zeigt ein französisches Bauernmädchen bei der Gartenarbeit. Ähnliche Szenen können heute noch beobachtet werden.

TRADITIONELLES GÄRTNERN

Vor dem 15. Jahrhundert gab es nur wenige Gärten und die Pflanz- und Pflegemethoden haben sich von damals bis zur Mitte des 20. Jahrhunderts wenig geändert. Eine Generation brachte der nächsten bei, wie man im Garten arbeitet. Dann kamen die Chemikalien, und die alten Wege wurden verlassen.

Die Arbeit im Garten war einst notwendig, um die Familie zu ernähren. Fiel eine Ernte aus, mussten die Menschen hungern. Traditionelle Gärtner wussten, wie man ergiebige Gärten anlegt – sie mussten es wissen. Alte Gartenbräuche drehten sich darum, wann gesät und gepflanzt wurde und wie der Garten gesund bleibt. Es wurde genutzt, was vorhanden war. Heute können wir jede Pflanze anbauen, die uns gefällt. Wir können Kompost und Dünger kaufen, einen Nutz- oder Fantasiegarten anlegen. Aber die Grundsätze bleiben.

Immer mehr Menschen sehen ein, dass es besser ist, auf Chemikalien zu verzichten, und dass es sich lohnt, überlieferte Methoden zu erproben, damit der Garten gesund bleibt. Ich habe in meinem Garten noch nie Chemikalien benutzt – ich halte es einfach nicht für sinnvoll. Manchmal habe ich gegen Ende des Sommers sehr viel Unkraut im Garten, weil es schneller wächst, als ich jäten kann; aber der Boden ist offenbar gut genug, um Unkräutern etwas Raum zu geben, ohne dass die Pflanzen, die ich gepflanzt habe, darunter leiden. In manchen Jahren schlagen Schädlinge sich den Bauch voll; dennoch verbessert sich die Harmonie Jahr für Jahr. Einige traditionelle Methoden passe ich meinem knappen Terminkalender an und mein Garten und ich gedeihen gut dabei.

Gärtnern in der frischen Luft ist ein Tonikum, eigene Blumen zu pflücken ist herrlich und sein Essen selbst anzubauen ist befriedigend, gesund und gut für den Gaumen. Wenn Sie die Geschichte und den Nutzen einer Pflanze kennen, wird die Arbeit noch faszinierender, und wenn Sie alte Bräuche in Ihre eigenen Methoden integrieren, weben Sie ein Muster weiter, das mit den ersten Gärten entstand. Haben Sie Erfolg, geben Sie Ihre Erfahrung an künftige Generationen weiter und schaffen so ein modernes Brauchtum.

KAPITEL 1

DAS LIEBE WETTER

FÜR MENSCHEN, DEREN LEBEN VON DER EIGENEN ERNTE ABHING, WAR ES IMMER WICHTIG, DAS WETTER VORHERZUSAGEN. DER ERSTE WETTER-PROPHET KÖNNTE NOAH GEWESEN SEIN. ER BAUTE EINE ARCHE, WEIL ER FEST MIT 40 TAGEN REGEN RECHNETE. SEITHER VERSUCHEN MENSCHEN UN-ABLÄSSIG, ANDERE DAVON ZU ÜBERZEUGEN, DASS SIE DAS WETTER VORHERSAGEN KÖNNEN.

DIE MEISTEN ZUVERLÄSSIGEN METHODEN DER VORHERSAGE BERUHEN AUF BEOBACHTUNGEN VON BAUERN, JÄGERN UND SEELEUTEN, ABER VIELE WETTERREGELN SIND AUCH TIEF IM ABERGLAUBEN, IN SPRICHWÖRTERN UND IN DENKWÜRDIGEN SPRÜCHEN VERWURZELT.

MANCHE GENAUEN WETTERVORHERSAGEN VOR TAUSENDEN VON JAHREN BERUHTEN AUF HIMMELSBEOBACHTUNGEN, DIE DAMALS ALLGEMEIN ÜBLICH WAREN. MERKEN SIE SICH EINIGE ALTE REGELN, UND AUCH SIE KÖNNEN EIN WETTERPROPHET SEIN.

Himmelsbeobachtung

„ROTER HIMMEL AM ABEND, ERQUICKEND UND LABEND. ROTER HIMMEL AM MORGEN BRINGT KUMMER UND SORGEN."

Dies ist wohl die bekannteste Wetterregel und sie stimmt oft. Im Laufe der Geschichte sind zahlreiche Varianten dieses Spruchs entstanden, zum Beispiel: „Des Abends sprecht ihr: Es wird ein schöner Tag werden, denn der Himmel ist rot. Und des Morgens sprecht ihr: Es wird heute Unwetter sein, denn der Himmel ist rot und trübe." (Mat. 16, 2–3) Im 16. Jahrhundert bevorzugten die Wetterpropheten den Spruch „Ein roter Morgen bringt einen nassen Nachmittag" und eine spätere Regel behauptet: „Abendrot und Morgengrau macht des Wandrers Himmel blau, doch Abendgrau und Morgenrot macht ihn nass auch ohne Not."

Ein roter Himmel bei Sonnenuntergang oder am frühen Abend weist auf Wolken im Osten hin, während die Sonne im Westen unbedeckt ist. Da schlechtes Wetter auf der Nordhalbkugel meist von Westen kommt, deutet ein klarer Westhimmel auf gutes Wetter hin. Ein roter Morgenhimmel spricht für einen klaren Himmel im Osten; doch die steigende Sonne scheint auf Wolken im Westen, die wahrscheinlich ostwärts wandern und Regen bringen.

BLITZE

„SCHLIMM IST DER BLITZ IM NORDEN UND WESTEN. IM SÜDEN UND OSTEN IST ER AM BESTEN."

Auch das stimmt, weil das Wetter meist von Westen nach Osten wandert. Blitze im Norden oder Westen kündigen häufig ein Gewitter an. Wenn es im Süden oder Osten blitzt, ist das Unwetter vorbeigezogen. „Regenbogen im Osten, nichts wird verrosten. Regenbogen im Westen wird Flüsse mästen." Das trifft aus denselben Gründen zu. Auch die Tageszeit ist wichtig. Ein Regenbogen am Morgen (also im Westen) verspricht mehr Regen, ein Regenbogen am Abend (im Osten) macht dem Regen ein Ende.

VOLKSGLAUBEN

Die alte Regel „Eine neue Mondphase bringt neues Wetter" ist oft richtig. Einige Tage nach Voll- oder Neumond ist ein Wetterumschwung wahrscheinlicher, denn der Mond regiert die Gezeiten und somit das gesamte Wasser auf der Erde. Die Gezeiten wechseln bei Voll- oder Neumond.

MONDSCHEIN

Die Menschen auf dem Land haben den Mond schon immer genau beobachtet, denn er kündigt das Wetter und günstige Saatzeiten an: „Ein Ring um Sonn' oder Mond ist Regen gewohnt" oder „Ist der Mond beringt, viel Regen er bringt". Wenn dünne, weiße Zirruswolken an der Sonne oder am Mond vorbeiziehen, erscheint ein großer Kreis, der einem Regenbogen ähnelt, mit Rot an der Innenseite und Blau an der Außenseite. Diesem so genannten Halo folgt mit rund 65 Prozent Wahrscheinlichkeit Regen, da die Zirruswolken meist niedrigen Regenwolken vorausgehen, besonders bei warmem Wetter. Je weiter der Halo entfernt ist, desto früher soll es regnen: „Naher Ring, Wasser fern; ferner Ring, Wasser nah."

„Bleicher Mond bringt Regen. Roter Mond bläst über den See. Weißer Mond bringt weder Regen noch Schnee." Ein blasser Mond kündigt Wasser an, ein roter Mond reflektiert die sinkende Sonne und weist auf atmosphärische Veränderungen hin, und ein weißer Mond am klaren Himmel spricht für stabiles Schönwetter.

TIPP

Schönes Wetter kommt, wenn die sinkende Sonne einem Feuerball gleicht, der Mond hell am klaren Himmel scheint und ein leichter Wind geht.

Die Farbe des Mondes spricht für stabiles oder wechselhaftes Wetter, vor allem am Winterhimmel. Ein blasser Mond bringt Regen, ein roter Mond weist auf atmosphärische Veränderungen hin, ein weißer Mond verspricht schönes Wetter.

WOLKEN SPIEGELN JEDEN WECHSEL DES LUFTDRUCKS, DER TEMPERATUR UND DER FEUCHTIGKEIT WIDER. WENN SIE WOLKENFORMEN KENNEN, KÖNNEN SIE DAS WETTER LEICHTER VORHERSAGEN.

Wolken

DER BLICK NACH OBEN

„Wenn flaumige Wolken am Himmel stehn, wird der Tag ohne Regen vergehn." Haufen- oder Kumuluswolken sind ziemlich dicht, haben eine kuppelförmige Oberseite und gleichen Wattebäuschen. Wenn sie allein auftauchen, bleibt das Wetter meist schön.

KUMULUSWOLKEN

ZIRROKUMULUSWOLKEN

Kumuluswolken

Kumuluswolken entwickeln sich oft zu Kumulonimbus. Das sind Haufenwolken, die immer schwerer und höher werden und Regen, oft auch Gewitter, bedeuten, weil sie am häufigsten an heißen Tagen vorkommen. Eine Wetterregel der Zuni-Indianer lautet: „Wenn die Wolken weißen Terrassen gleichen, wird das Land der Maispriester bald von Regenpfeilen getroffen." Andere Regeln sagen: „Haufen am Morgen, Regen am Abend" und „Wenn Wolken wie Felsen und Türme sind, wird die Erde erquickt von Regen und Wind."

Zirrostratuswolken

Die Wolken ähneln einem dünnen weißen Schleier. Wenn sie zu Zirrokumuluswolken werden, ist schönes Wetter zu erwarten. Diese hohen Schäfchenwolken entstehen selten einzeln, sondern bilden sich aus Zirrostratuswolken oder verwandeln sich in andere Zirrusformen. Ein Wetterwechsel ist wahrscheinlich, denn „ist der Himmel gesprenkelt wie eine geschminkte Frau, ändert er bald sein Gesicht."

Magnetische Zirruswolken

Für Seeleute ging es bei der Wettervorhersage um Leben oder Tod. „Bei Makrelenhimmel und Stutenschwanz erschlafft das Segel ganz" ist eine uralte Wetterregel. Mit den Stutenschwänzen sind zerfledderte Zirruswolken gemeint, deren Eiskristalle lang gezogene Formationen bilden. Sie tauchen oft vor einem nahenden Sturm oder Gewitter auf. Zusammen mit Zirrokumuluswolken deuten sie auf stürmisches, windiges, nasses Wetter hin. Sie werden auch magnetische Zirruswolken genannt, weil sie mit Magnetstörungen in der Atmosphäre, also mit Turbulenzen, einhergehen.

Stierauge

Eine kleine, aber wachsende weiße Wolke warnt vor schnell steigendem Druck und einem Sturm. In den Tropen erscheint eine schnell wachsende schwarze Wolke, das „Stierauge", vor Wirbelstürmen.

MAGNETISCHE ZIRRUSWOLKEN

TIPPS FÜR WETTERFRÖSCHE

Zirruswolken sind zarte Gebilde mit zerzausten Rändern, die hoch am Himmel stehen. Wenn sie auftauchen, dicker werden und dann tieferen Wolken Platz machen, ist innerhalb von 24 Stunden mit Regen zu rechnen.

Schlechtes Wetter steht bevor, wenn flinke Wolken zunehmen und sinken oder wenn sie von Süden kommen und der Südwind auffrischt.

VOLKSGLAUBEN

Wenn die Wolken schwer zu deuten sind, achten Sie auf Ihren Körper: „Wird ein Gelenk zur Pein, stell dich auf Regen ein". Das ist ein zuverlässiges Zeichen, denn es lässt auf rasch fallenden Luftdruck schließen. Juckende Narben haben dieselbe Bedeutung.

ZIRROSTRATUSWOLKEN

STIERAUGE

VÖGEL, INSEKTEN UND ANDERE TIERE PASSEN SICH IM VERHALTEN DEM KOMMENDEN WETTER AN, FÜR DAS SIE OFFENBAR EIN GESPÜR HABEN. VÖGEL SIND BESONDERS GUTE WETTERPROPHETEN, DIE WIR BEOBACHTEN SOLLTEN.

Vögel

🔴 **Zugvögel versammeln sich meist in Scharen, ehe sie auf die Reise gehen. Vögel auf Stromleitungen verkünden das Ende des Sommers.**

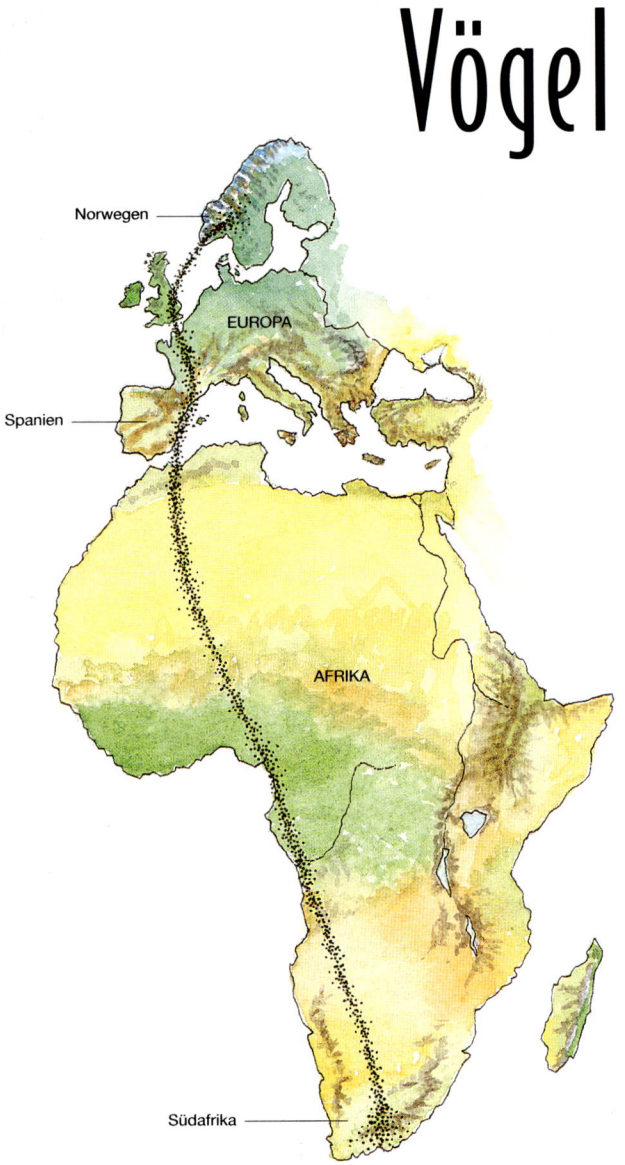

Norwegen

EUROPA

Spanien

AFRIKA

Südafrika

🔴 **Schwalben ziehen im Herbst von Nordeuropa in den Süden. Sie fliegen die spanische Ostküste entlang und lassen sich in Südafrika nieder.**

VOGELBEOBACHTUNG

Sie können das Wetter vorhersagen, wenn Sie Vögel beim Fliegen beobachten. „Fliegt die Lerche hoch, wird's Wetter schöner noch." „Steigt die Schwalbe empor, steht klares Wetter bevor." Bei gutem Wetter tragen der hohe Luftdruck und warme Strömungen die Vögel hoch hinauf. Das hohe Fliegen fällt ihnen leicht, weil der Druck in der Höhe abnimmt. Bei schlechtem Wetter sinkt der Luftdruck, und es ist leichter, tief zu fliegen. Auch bei feuchtem Wetter fliegen die Vögel tief, um Insekten zu fangen, die mit nassen Flügeln schlecht fliegen können. „Wenn die Vögel unten sind, kommen Regen und Wind."

Wenn Zugvögel tief fliegen, ist schlechtes Wetter fast sicher. Zugvögel brauchen nämlich starken Rückenwind; bei schönem, ruhigem Wetter haben sie keinen Gegenwind und können hoch fliegen. Schlägt das Wetter um, ändern sich der Wind und der Luftdruck, und die Vögel müssen tiefer fliegen.

SELTSAMES VERHALTEN

Seeleute beobachteten einst Meeresvögel, um das Wetter vorherzusagen. Bei geringem Luftdruck lassen sich die Vögel öfter auf Stangen nieder, und bei deutlichem Tiefdruck sieht man ganze Schwärme ein Unwetter „aussitzen".

Vor einem Regen waschen sich viele Vögel: „Wälzen Vögel sich im Sand, fällt der Regen bald aufs Land." Außerdem machen sie mehr Lärm: „Lauter Pfau, Himmel wird grau." Der Grünspecht wird bisweilen Regenvogel genannt, weil er vor einem Regen immer ruft. Vielleicht melden sich die Vögel, weil sie wissen, dass ihre Schreie bald übertönt werden, oder weil sie Artgenossen warnen wollen. Außerdem sind ihre Rufe vor einem Sturm lauter zu hören, weil der Luftdruck fällt und die Zahl der Wassertröpfchen zunimmt.

Wenn Gänse so tief fliegen, dass ihre Flügelmuster deutlich zu sehen sind, steht schlechteres Wetter bevor. Wenn sie auch noch laut rufen, naht ein Unwetter.

LANGFRISTIGE VORHERSAGEN

Der Kuckuck gilt in England als Vorbote des Frühlings. Er ist meist Anfang April zu hören – dann ist es Zeit, Kartoffeln zu pflanzen. Wenn er nach dem Johannistag (24. Juni) singt, verspätet sich der Frühling und somit auch die Ernte: „Kuckuck und Hafer, Heu und Specht sind dem Bauern gar nicht recht." Wenn der Kuckuck während des Säens ruft, sät der Bauer zu spät, und wenn Spechte im Heu sind, wird die Ernte ebenfalls spät und schlecht.

„Eine Schwalbe macht noch keinen Sommer" ist ein altes Sprichwort. Loben Sie den Sommer also nicht, bevor er da ist!

SCHWALBE

Tiere

SEIT URZEITEN GELTEN
TIERE ALS ZUVERLÄSSIGE
WETTERBOTEN.

BOTEN IM BAUERNHOF

Menschen auf dem Land behaupten, dass Schweine vor
einem Unwetter Blätter und Stroh sammeln. Tatsächlich hören
die Tiere manchmal auf zu fressen und ziehen sich in den Stall
zurück, wenn Regenwetter naht. Kühe legen sich vor dem
Regen oft hin, weil ihre Unterseite schlechter geschützt ist als
der Rücken. Sind die Kühe im Stall, wollen sie vor einem
Unwetter nicht auf die Weide gehen. Pferde werden unruhig,
Hunde schlafen angeblich länger. Schafe werden vor einem
Gewitter aktiver und fressen gieriger als sonst.

VOLKSGLAUBEN

Wenn Sie die Temperatur messen wollen,
fragen Sie eine Grille! Grillen zirpen umso
schneller, je wärmer es ist. Zählen Sie einfach die Zirplaute in 14 Sekunden; so warm
ist es dort, wo die Grille hockt.
Leider gilt diese Regel nur in Amerika –
eine deutsche Grille müssen Sie bitten,
die Temperatur von Fahrenheit in Celsius
umzurechnen!

So kann umgerechnet werden:

$$\text{Grad Celsius} = \frac{(\text{Grad Fahrenheit} - 32) \times 5}{9}$$

TAU AUF EINEM SPINNENETZ

Spinnen zeigen Veränderungen der Luftfeuchtigkeit an:
Sie weben nur bei trockener
Luft. Wenn sie es also tun,
ist schönes Wetter gewiss.

Spinnweben in der Luft kündigen Trockenheit an; doch
wenn Gartenspinnen ihr Netz
verlassen, kommt Regen.

GRILLE

TIPP

Gärtner im Süden der USA bereiten sich auf den Winter vor, wenn sie die ersten Heuschrecken hören.

ZUVERLÄSSIGE LANGFRISTIGE PROGNOSEN

Viele langfristige Wettervorhersagen stützen sich auf den Pelz von Tieren. Wenn Bären und Pferde schon früh ein dickes Fell haben, droht ein harter Winter. Das ist schwer zu begründen; aber Haare sind immerhin gute kurzfristige Indikatoren. Wenn die Luftfeuchtigkeit steigt, etwa vor einem Unwetter, nehmen Haarlänge und -dicke um zweieinhalb Prozent zu.

Auch Würmer sind Wetterfrösche: „Tiefe Würmer, harter Frost". Sie graben sich tief ein, wenn der Boden bald gefriert; denn in der oberen, gefrorenen Bodenschicht sind sie hilflos. Vielleicht wollen sie sich auch vor Maulwürfen schützen, die vor kaltem Wetter einen Vorrat an Würmern „einlagern".

MURMELTIERTAG

In Nordeuropa ist Lichtmess (2. Februar) seit Jahrhunderten ein wichtiger Wettertag. Scheint an diesem Tag die Sonne, stehen 6 Wochen Kälte bevor. Ist der Himmel trüb, beginnt der Sommer früher. Die ersten deutschen Siedler in Pennsylvania beobachteten Murmeltiere: Wenn sie an Lichtmess aus ihrem Bau krochen und einen Schatten warfen, zogen sie sich für weitere 6 Wochen zurück. Bei wolkigem Himmel blieben sie draußen und kündigten warmes Wetter an. Seit dem 19. Jahrhundert heißt der 2. Februar in den USA auch „Murmeltiertag": „Sonne am Murmeltiertag, halb so viel Heu und halber Holzschlag." Die Tierchen waren jedoch seit 1880 nur zu 39 Prozent zuverlässig!

MURMELTIER

ESEL

VOLKSGLAUBEN

„Wenn der Esel zu wiehern beginnt, kommt der Regen heute bestimmt." Dieses Sprichwort entstand im vorigen Jahrhundert, als eine Granate die Instrumente von Armee-Meteorologen zerstörte. Sie begegneten einem Esel, der lange zu wiehern pflegte, wenn Regen bevorstand. Dank des Esels konnten sie weiter Berichte ans Hauptquartier senden.
Das ging gut, bis eine Eselin aufkreuzte – von da an wieherte der Esel aus anderen Gründen.

25

DAS LANDVOLK KONNTE FRÜHER DAS BEVORSTEHENDE
WETTER, DIE TAGESZEIT UND DIE HIMMELSRICHTUNG
AN BLUMEN ABLESEN. DAS IST HEUTE NOCH EINE
FASZINIERENDE KUNST.

Blumenuhren

Alle Pflanzen reagieren auf das Wetter. Manche wachsen in
der Sonne am besten, andere bevorzugen Halbschatten oder
Schatten – bisweilen ist es auch komplizierter.

WETTERPFLANZEN

Der Ackergauchheil *(Anagallis arvensis)* schließt seine Blüten
vor dem Regen, ebenso die Färberhülse *(Baptisia ssp.)*.
Das Buschwindröschen (Anemone nemorosa) schließt die
Blüten und senkt sie, und die Sonnenwende *(Heliotropium
europaeum)* öffnet sich erst gar nicht, wenn der Regen kommt;
Gänseblümchen *(Bellis ssp.)* schließen sich ganz.

Fliederblüten *(Syringa vulgaris)* öffnen sich morgens schneller,
wenn Regen naht, aber langsamer, wenn die Luft trocken bleibt.
Hat die Hohe Studentenblume *(Tagetes erecta)* um 8 Uhr
morgens ihre Blüten noch nicht geöffnet, wird es am Morgen
regnen oder donnern. Krokus *(Crocus* ssp.) und Tulpe *(Tulipa*
ssp.) öffnen sich, wenn die Temperatur steigt, und schließen
sich, wenn sie fällt.

SONNENBLUME

VOLKSGLAUBEN

Wenn Blätter ihre Unterseite zeigen, steht
Regen bevor. Blätter zittern auch mehr,
wenn feuchte Luft die Stiele aufweicht.
Zitternde Blätter bei Windstille deuten also
auf Regen hin.

SONNENANBETER

Sonnenblumen *(Helianthus annuus)* wachsen gerne in der
Sonne, und ihre Köpfe folgen der Sonne von Ost nach West.
Eine amerikanische Silphie *(Silphium lactinianum)* gilt als noch
besserer Kompass. Ihre Blätter zeigen nach Norden und Süden,
wohl damit die Sonne sie nicht austrocknet. Aber das hängt
auch davon ab, ob sie in der Sonne oder im Schatten wächst.

UHRENPFLANZEN

Der Ackergauchheil öffnet seine purpurroten Blüten gegen 8 Uhr morgens und schließt sie gegen 3 Uhr nachmittags. Die blassblauen Blüten der Wilden Zichorie *(Cichorium intybus)* waren einst die Uhren englischer Landarbeiter, denn sie öffneten sich um 7 Uhr und schlossen sich am Mittag. Der Doldenmilchstern *(Ornithogalum umbellatum)* öffnet seine weißen Sternblüten um 10 Uhr (jedoch nur an hellen Tagen) und macht gegen 12 Uhr einen Mittagschlaf. Der Wiesenbocksbart *(Tragopogon pratensis)* schließt sich ebenfalls zum Mittag. Die Purpurwinde *(Ipomoea purpurea)* zeigt ihre ganze Pracht nur an einem hellen Morgen; am Nachmittag schließt sie die Blüten.

Manche Blumen sind Morgenmuffel und öffnen die Blüten erst, wenn die Sonne zu sinken beginnt. Die Wunderblume *(Mirabilis* ssp.) und die Nachtkerze *(Oenothera* ssp.) meiden die helle Sonne und blühen lieber abends. Viele Duftpflanzen, darunter der Jasmin *(Jasminum officinale),* der Flügeltabak *(Nicotiana alata)* und die Gartenlevkoje *(Matthiola incana),* duften abends am stärksten, um Nachtinsekten anzulocken.

PURPURWINDE

TIPP

Uhrenpflanzen sind nicht immer genau.
Wunderblumen blühen zum Beispiel am Spätnachmittag und bleiben nachts geöffnet.
Sie gehen nicht immer um 16 Uhr auf und öffnen sich bei bewölktem Himmel mitunter am Morgen.

Aus diesen Blumen können Sie eine Blumenuhr zusammenstellen.

DAS TIMING DER NATUR

„Hornstrauch blüht, Frost flieht". In England vertreibt der Schwarz-
dorn *(Prunus spinosa)* anstelle des Hornstrauchs *(Cornus* ssp.)
den Frost. Seine Blütezeit hängt von der Lufttemperatur und
-feuchtigkeit ab. Nach einem frostigen Frühling blüht er bis zu
2 Wochen später. Sobald er blüht, kann das Säen und Pflanzen
beginnen.

UNSERE GÄRTEN
SIND AUF DEN NATÜR-
LICHEN WANDEL DER
JAHRESZEITEN ABGE-
STIMMT. IHRE PFLANZEN
MACHEN SIE AUF DIESEN
WANDEL AUFMERKSAM.

Jahreszeiten

HERBSTBLATT

EILE MIT WEILE

„Halt dich warm, bis der Maibusch verblüht." Gemeint ist der Weißdorn
(Cratageus ssp.). In Iowa in den USA behielt man früher die Winterkleider an,
bis die Blaue Schwertlilie *(Iris versicolor)* blühte. Azaleen *(Rhododendron* ssp.)
ziehen die Blätter ein, wenn es kalt wird: „Schließt sich die Azalee, fällt bald
wieder Schnee."

AZALEE

EIN BLICK IN DIE ZUKUNFT

Manche Pflanzen scheinen die Zukunft zu kennen. „Unkraut wird so hoch wie der Schnee" ist ein verlässlicher alter Spruch, denn vor einem harten Winter wächst das Unkraut höher – damit die Vögel genug zu fressen haben, meint das Landvolk. Zwiebeln haben vor einem milden Winter oft dünne und vor einem kalten und rauen Winter dicke Schalen. Ein harter Winter steht bevor, wenn die Hüllblätter des Maises dick und fest oder wenn Apfelschalen zäh sind. Mais reagiert auch empfindlich auf den Luftdruck. Sind die Kolben trocken und knackig, bleibt das Wetter gut; wenn sie feucht sind und herabhängen, wird es bald regnen.

BLÄTTER WECHSELN DIE FARBE

FARBWECHSEL DER BLÄTTER

Der amerikanische Schriftsteller Henry Thoreau schrieb: „Die Vögel singen weniger, wenn die Blätter des Hundstodes *(Apocynum androsaemifolium)* im Herbst gelb werden." Der Farbwechsel des Laubes ist eines der verlässlichsten Zeichen für einen Wechsel der Jahreszeit. Das grüne Chlorophyll, das die Fotosynthese ermöglicht, verschwindet, und die Bäume bereiten sich darauf vor, von ihren Nährstoffvorräten zu leben.

Eichhörnchen sammeln vor einem langen Winter mehr Nüsse, und die Landbevölkerung glaubt, dass Bäume ihr Laub vor einem harten Winter länger behalten, um größere Reserven anzulegen: „Fallen die Blätter früh, werden Herbst und Winter mild. Fallen die Blätter spät, wird der Winter hart."

Obst

Wenn das Laub gelb wird, sollten Sie Obst konservieren. Kleine Früchte und Beeren lassen sich gut einfrieren. Äpfel und Birnen werden vorher in Scheiben geschnitten, getrocknet, zu Mus verarbeitet oder in hellem Sirup gedünstet. Probieren Sie alle Methoden, wenn die Ernte gut ist.

Einfrieren

Dies ist die beliebteste Konservierungsmethode. Manche Früchte und Gemüse verschrumpeln allerdings dabei, es sei denn, Sie frieren sie als Mus ein. Gemüse wird blanchiert und auf offenen Tabletts verteilt, damit es einzeln gefriert. Kräuter können Sie hacken und in Eiswürfeln einfrieren.

Marmelade und Gelee

Überreifes oder beschädigtes Obst ist ungeeignet. Johannisbeeren, Pflaumen und Stachelbeeren enthalten viel Pektin und liefern feste Marmelade. Anderen Früchten wird Pektin hinzugefügt. Gelee enthält keine Fruchtstücke: Obst kochen, bis es sich setzt, in einen Leinenbeutel gießen und den Saft in eine Schale tropfen lassen.

Trocknen

Kräuter waschen und trocken tupfen. Auf Küchenpapier eine Stunde bei kleinster Einstellung backen, zerkrümeln, in Gläser füllen, gut verschließen.

ALTE WETTERREGELN

Frühling

Jeder Monat im Jahr schimpft über den warmen Februar.

Ist der Februar warm und trocken, überleben Schädlinge und Krankheitserreger, und der Boden wird nicht von Frost und Feuchtigkeit aufgebrochen. Die Obstbäume blühen zu früh und werden von Spätfrösten überrascht.

Ein guter März beginnt wie ein Löwe und geht wie ein Lamm.

Der März sollte kalt und stürmisch anfangen, um den Boden auf einen fruchtbaren Frühling vorzubereiten.

Viele dieser Sprüche sind in der nördlichen Hemisphäre entstanden und müssen auf der Südhalbkugel daher abgeändert werden.

Nasser April, guter Weizen.

Eiche vor Esche macht feucht. Esche vor Eiche macht nass.

Dieser alte englische Spruch ist immer noch populär. Allerdings bekommt die Eiche ihre Blätter immer vor der Esche!

Sommer

Schafe im Mai geschoren, alle verloren.

Dieser Spruch warnt uns davor, dem Wetter zu früh zu vertrauen.

Nasser Mai, reichlich Heu.

Braucht der Mai Feuer, füllt der Herbst die Scheuer.

Junge Feldfrüchte brauchen im Mai viel Wasser. Ist der Mai kalt, vernichtet er Schädlinge und die Pflanzen blühen nicht zu früh.

Ein Bienenschwarm im Mai bringt eine Fuhre Heu. Fliegt der Schwarm im Juni hoch, reicht's für 'nen Silberlöffel noch. Und ein Schwarm in der Juliglut ist für einen Strohhalm gut.

Nebel im Mai und Junihitze füllen die Scheuer bis zur Spitze.

Junge Pflanzen benötigen Wasser, und Früchte brauchen Sonne zum Reifen.

Regen an St.-Swithins-Tag 40 Tage bleiben mag. Ist der Himmel an Swithin klar, bleibt Regen 40 Tage rar.

St. Swithin ist der 15. Juli. Als die Kathedrale von Winchester in England 870 vollendet wurde, mussten St. Swithins Gebeine umziehen. Sie „weinten" so sehr, dass ein an diesem Tag beginnender Regen seither oft 40 Tage dauert. In Italien ist der 15. Juli St.-Gallos-Tag – er hat die gleiche Bedeutung.

Beginnt die Augustwoche brütend heiß, wird der Winter lang und weiß.

Kühler August nach Julihitze treibt den Winter auf die Spitze.

Ist der August trocken und warm, wird der Bauer nicht arm.

Herbst

Überschwemmt der September den Garten, kannst du Trockenheit erwarten.

September trocknet Brunnen oder zerstört Brücken.

Im Oktober düng dein Feld, dann bringt dein Acker dir viel Geld.

Wird die Oktobergerste nicht trocken, wird deine Kehle nicht nass.

Ohne Gerste gibt es kein Malz fürs Bier!

Oktober mit Frost und Wind macht Januar und Februar lind.

Winter

Ist der erste November klar, hör auf zu säen für dieses Jahr.

Ein vernünftiger Rat: Jetzt ist die letzte Gelegenheit, winterfestes Gemüse, Zwiebeln und Knoblauch zu pflanzen.

Fällt der erste Schnee auf ungefrorenen Boden, wird der Winter mild.

Trägt das Eis vor Weihnachten einen Mann, trägt es danach keine Maus.

Am Lenz im Januar lässt der Winter kein gutes Haar.

Wenn es zu früh warm wird, kehrt der grimmige Winter zurück.

Kommt Grün schon im Januar hervor, mach ein Schloss an dein Scheunentor.

KAPITEL 2

GUTE ERDE

UM EIN GUTER GÄRTNER ZU SEIN, BRAUCHEN SIE OPTIMISMUS UND BEGEISTERUNG. VOR ALLEM ABER MÜSSEN SIE DEN BODEN KENNEN UND MIT DER NATUR ZUSAMMENARBEITEN, DAMIT SIE DEM GARTEN GEBEN KÖNNEN, WAS ER BRAUCHT. SO MACHEN SIE IHREN PFLANZEN UND SICH SELBST DAS LEBEN LEICHTER.

WENN SIE DAS GLÜCK HABEN, EINEN GARTEN ZU ÜBERNEHMEN, DER VIELE JAHRE LANG GUT GE-PFLEGT WURDE, KÖNNEN SIE ALLES ANBAUEN. SIE BRAUCHEN KEINEN „GRÜNEN DAUMEN", SONDERN NUR GUTEN BODEN. IHR GARTEN GIBT IHNEN ZU-RÜCK, WAS SIE IHM GEGEBEN HABEN, UND DER WICHTIGSTE TEIL DES GARTENS IST DER BODEN. SCHENKEN SIE IHM DIE AUFMERKSAMKEIT, DIE ER VERDIENT.

WENN SIE DEN FUSSSTAPFEN TRADITIO-
NELLER GÄRTNER FOLGEN, KÖNNEN SIE
EIN KAHLES GRUNDSTÜCK IN EIN PARADIES
VERWANDELN. ZUERST MÜSSEN SIE JEDOCH
EINIGES ÜBER DEN BODEN LERNEN.

Grundkurs

Bäume ernähren sich direkt aus dem Boden. Dies – und nicht
unsere Fähigkeit zu gehen – ist der größte Unterschied zwischen ihnen und uns.

EIN HEIM FÜR DIE WURZELN

„Steiniges Beet mit gefrorenem Grund macht weder Mensch
noch Tier gesund." Pflanzen holen sich Nährstoffe, Luft und
Wasser aus dem Boden; darum müssen sich ihre Wurzeln aus-
breiten können. Guter Boden enthält viel Luft und Wasser. Er ist
so fest, dass Nährstoffe nicht weggespült werden, und so krümelig, dass die Wurzeln freie Bahn haben. Auch darf er in der
Sonne nicht zu hart werden und nach dem Regen keine Pfützen
bilden. Er sollte schnell warm werden, aber langsam gefrieren.

Ein nährstoffreicher, dunkler,
krümeliger Boden ist die Grundlage
eines blühenden Gartens.

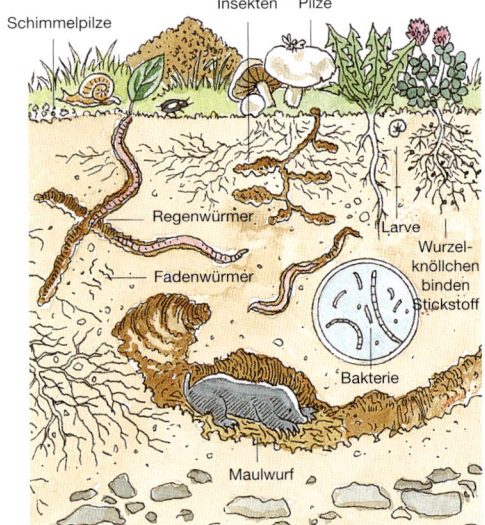

Unter der Erd-
oberfläche wan-
deln kleine Tiere,
Insekten und
Mikroorganismen
verrottendes Ma-
terial und Minera-
lien in Nährstoffe
für sich und die
Pflanzen um.

FRUCHTBARER BODEN

Guter Boden enthält organisches Material und Mineralien in
harmonischem Verhältnis. Bakterien, Pilze, Insekten und Würmer
bauen pflanzliche und tierische Reste ab. Mineralien stammen
aus verwitterten Steinen und lösen sich im Wasser des Bodens.

VOLKSGLAUBEN

Würmer sind Ihre Freunde. Sie lockern die
Erde, bauen Pflanzenreste ab und fördern
die Fruchtbarkeit und Entwässerung des
Bodens.
Ein einziger Regenwurm kann im Jahr
27 Tonnen Erde bewegen!

NÄHRSTOFFE UND PH-WERT

Pflanzen brauchen genügend Kohlenstoff, Wasserstoff, Sauerstoff, Stickstoff, Phosphor, Kalium, Kalzium, Magnesium und Schwefel sowie die Spurenelemente Eisen, Mangan, Kupfer, Zink, Bor und Molybdän. Ein ausgewogener Boden, der gut entwässert wird und viel organisches Material enthält, versorgt die Pflanzen mit allen notwendigen Nährstoffen.

Selbst in einem nährstoffreichen Boden leiden Ihre Pflanzen Mangel, wenn der pH-Wert nicht stimmt. Dieser zeigt an, ob der Boden sauer oder alkalisch (basisch) ist, ob er zu viel oder zu wenig Kalk enthält. Der Kalkgehalt beeinflusst alle anderen Elemente – darum muss er korrekt sein.

Kaufen Sie in einer Gärtnerei einen Teststreifen. Die Zahl 7 steht für „neutral". Unterhalb der 7 werden Böden immer saurer (zu wenig Kalk), oberhalb zunehmend alkalisch (zu viel Kalk). Der fruchtbarste Boden ist leicht sauer (pH-Wert 6,5). Ein zu saurer Boden braucht Kalk (nach der Anweisung auf der Packung), ein zu kalkreicher benötigt Kompost.

TIPP

Saurer Boden riecht und schmeckt sauer.
Geben Sie ein wenig Erde in ein Glas mit Essig. Wenn sich Blasen bilden, enthält der Boden viel Kalk, wenn nicht, streuen Sie 100 g Kalk pro Quadratmeter.

VOLKSGLAUBEN

Viele beliebte Gartenpflanzen, darunter Azaleen, Kamelien (Camellia ssp.) Gardenien (Gardenia ssp.) und Kardinalsblumen (Lobelia cardinalis), lieben sauren Boden (pH-Wert unter 6,5).
Ist der Boden zu alkalisch, sollten Sie diese Pflanzen in Töpfen oder erhöhten Beeten mit speziellem Boden ziehen. Oder gießen Sie sie in der Wachstumszeit einmal im Monat mit 4 Esslöffel Essig auf 0,5 Liter Wasser. Auch Kaffeesatz gibt dem Boden Säure.

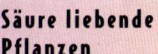

Kaufen sie ein Testglas, um den ph-Wert Ihres Bodens zu bestimmen und herauszufinden, welche Nährstoffe er braucht. Mischen Sie eine Bodenprobe mit Wasser und gießen Sie die Lösung ins Glas. Werfen Sie die mitgelieferte Kapsel hinein und vergleichen Sie die Farbe der Lösung mit der Skala.

RHODODENDRON

FINGERHUT

SCHAFGARBE

SCHLÜSSEL-
BLUME

Säure liebende Pflanzen

Arnika (Arnica montana)
Kardinalsblume
Fingerhut
Erika (Erica ssp.)
Geißblatt (Lonicera ssp.)
Rhododendron und Kamelie
Sauerampfer (Rumex scutatus)
Thymian (Thymus vulgaris)

Alkali liebende Pflanzen

Katzenminze (Nepeta cataria)
Kornblume (Centaurea montana)
Schlüsselblume (Primula veris)
Lavendel (Lavandula ssp.)
Maiglöckchen (Convallaria majalis)
Eisenhut (Aconitum napellus)
Salbei (Salvia ssp.)
Weißwurz (Polygonatum ssp.)
Schafgarbe (Achillea millefolium)

BEVOR SIE ZUM SPATEN GREIFEN, UM DEN GARTEN
UMZUGRABEN, SOLLTEN SIE NACHSEHEN, WAS IN IHM
WÄCHST UND WIE GESUND DIE PFLANZEN SIND.

Boden-
prüfung

IDENTIFIZIEREN SIE IHREN BODEN

Bestimmt wollen Sie keinen Garten voller Unkraut. Aber reißen Sie nicht
alles heraus, ohne es identifiziert zu haben! Unkräuter sagen Ihnen, was
im Boden vorgeht und mit welcher Bodenart Sie es zu tun haben.

„Gold unter Disteln, Silber unter Binsen, Hunger unter Heidekraut."
Diese alte Redensart deutet an, welche Pflanzen in welchem Boden
wachsen. Disteln bevorzugen nährstoffreichen Boden, Binsen brauchen
guten Boden, aber Heidekraut gedeiht in sehr saurem Boden, den die
meisten Pflanzen nicht mögen.

Prüfen Sie Ihren
Boden genau, ehe
Sie etwas unter-
nehmen.

VOLKSGLAUBEN

„Nesseln heute, Früchte morgen."
Brennnesseln lieben nährstoffreichen,
feuchten Boden und senken ihre Kriech-
wurzeln tief in die Erde, um Minerialien aufzunehmen. Wenn Sie Nesseln entfernen,
haben Sie einen mineralreichen Boden
für Ihre Pflanzen, vor allem für
Büsche mit weichen Früchten.
Am besten lassen Sie einige Nesseln
stehen, denn sie regen das Wachstum
der benachbarten Pflanzen an und
machen sie robuster.

BRENNNESSEL

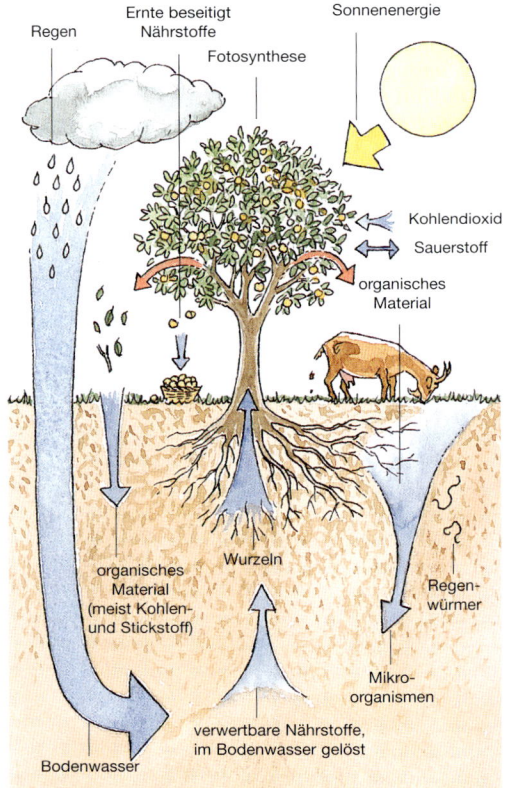

Manche Pflanzen, etwa Nesseln,
holen Mineralien aus tiefen
Bodenschichten nach oben.
Davon profitieren ihre Nachbarn.

HUNGRIGE PFLANZEN

Wenn dem Boden bestimmte Nährstoffe fehlen, gedeihen nur Pflanzen, die damit zurecht kommen. Fehlt Stickstoff, holen ihn einige Pflanzen aus der Luft, etwa Klee *(Trifolium pratense)*, Hopfenklee *(Medicago lupulia)* und wilde Lupine *(Lupinus angustifolius)*.

KARDINALSBLUME

VOLKSGLAUBEN

„Nägel pflanzen": Wenn die Blätter der Bäume gelb werden, während ihre Adern grün bleiben, ist meist Eisenmangel schuld. Darum steckten Gärtner früher sechs Nägel ins Grabloch, wenn sie Bäumchen pflanzten.
Sie können auch alte Topfkratzer eine Woche in Wasser legen und die Pflanzen mit dieser „Kraftbrühe" gießen.

Pflanzen, die in zu nassem Boden wachsen

Rohrkolben *(Typha* ssp.)
Schachtelhalm
 (Equisetum ssp.)
Wasserdost *(Eupatorium)*
Kuckuckslichtnelke
 (Lychnis floscululi)
Segge *(Carex* ssp.)
Kardinalsblume
Gänsefingerkraut
 (Potentilla anserina)
Huflattich *(Tussilago farfara)*
Zarter Gauchheil
 (Anagallis tenella)

INDIKATORPFLANZEN

Manche Unkräuter wachsen in ziemlich sauren Böden. Sauerampfer-Gruppen *(Rumex acetosa)* deuten auf Kalkmangel, also Unfruchtbarkeit hin. Wenn Fleisch fressende Pflanzen wachsen, ist der Boden sehr sauer – denn sie decken ihren Eiweißbedarf mit Insekten.

Gesunder Löwenzahn, wilder Senf *(Brassica nigra)* und Fuchsschwanz *(Amaranthus* ssp.) lassen auf guten Boden schließen.

Die besten Indikatoren sind Pflanzen, die schlecht entwässerten Boden mögen. Über eine oder zwei Arten, die kümmerlich wachsen, brauchen Sie sich keine Sorgen zu machen. Eine ganze Sammlung sagt Ihnen jedoch, dass der Boden besser entwässert werden muss. Moos und Pilze sind Zeichen für zu nassen Boden.

WASSERDOST

Boden-
arten

KELLE UND ERDE

JEDER BODEN KANN
FRUCHTBAR WERDEN.
DOCH SIE MÜSSEN
WISSEN, WO SIE
ANFANGEN SOLLEN.

„Leicht genug zum Wurzeln treiben,
fest genug zum Stehen bleiben" – so
sollte guter Boden nach einem alten Sprichwort sein.
Wurzeln brauchen Raum, Luft und Wasser, aber auch
die Nährstoffe eines festen Bodens.

GRUND-REGELN

Bevor Sie sich Gedanken über Ihren Gartenboden machen, müssen Sie wissen,
ob er sich gut bearbeiten lässt und wie nährstoffreich er ist. Prüfen Sie die Farbe
und die Struktur: Stecken Sie eine Forke hinein und nehmen Sie ein wenig Erde
in die Hand. Ist sie dunkel und fett oder hell und sandig? Dunkler Boden enthält
viel organisches Material, heller Boden ist eher nährstoffarm. Schwerer Boden
wird leicht zu nass; er muss gelockert werden.

Gleich, mit
welchem Boden
Sie beginnen,
geben Sie ihm
organisches
Material. Es
macht selbst
aus schlechtem
Boden einen
üppigen Garten.

BODENARTEN

Wer Boden bearbeitet, weiß bald viel über ihn. Im 18. Jahrhundert rieten die Gärtner: „Pflanze spät im Sand oder pflanze einmal öfter nach Frühlingsregen." Sie wussten, dass heftiger Regen Samenkörner und Nährstoffe aus sandigem Boden spült. Viele Redensarten beziehen sich auch auf lehmigen Boden. Wenn Sie Ihren Boden kennen, werden Sie ein erfolgreicher Gärtner.

Schütteln Sie ein Gemisch aus Boden und Wasser in einem verschlossenen Glas und warten Sie eine Weile. Lehm weist eine dünne Wasserschicht mit Partikeln unter einer dicken Bodenschicht auf, Sand eine dünne Bodenschicht über einer hohen Schicht Wasser.

TESTMETHODEN

Bei der Fingerprobe wird eine gleichmäßige, nicht zu nasse Bodenprobe zwischen den Fingern gerollt. Versuchen Sie, eine Kugel zu formen. Gelingt das nicht, ist der Boden meist hell und sandig. Wenn er grobkörnig ist, aber zur Kugel wird, handelt es sich wohl um Lehmerde. Ist der Boden klebrig und glänzend, wenn Sie ihn mit dem Daumen reiben, halten Sie Ton in der Hand.

Tonböden

Ton besteht aus winzigen Mineralteilchen, die keine Krümel bilden, aber zusammenkleben, sodass wenig Platz für Luft bleibt und Wasser schlecht abfließt. Ton speichert Nährstoffe gut, doch die Pflanzen kommen schlecht an sie heran. Zudem ist Ton schwer zu bearbeiten und oft zu nass. Bei Trockenheit wird er hart und rissig, sodass Wasser nicht eindringen kann. Der Boden eignet sich für Pflanzen mit tiefen Wurzeln, etwa Beinwell, Minze, Kohl, Erbsen, Saubohnen, Kartoffeln, Birnbäume und Pflaumenbäume.

organisches Material

Ton und Steinchen

Sand

Sandböden

Sandböden sind leicht. Sie enthalten viele kleine Partikel, die nicht aneinander haften. Pflanzen können darin leicht Wasser und Luft aufnehmen, doch der Boden trocknet schnell aus und hält Nährstoffe nicht gut fest. Er ist für Pflanzen geeignet, die Trockenheit vertragen, darunter Lavendel, Estragon, Thymian, Möhren und andere Wurzelgemüse, Zwiebeln und Tomaten.

Lehmböden

Lehmboden enthält kleine und größere Teilchen, die für Wurzeln gut zugänglich Nährstoffe speichern und nicht zu nass werden. Die meisten Gartenpflanzen gedeihen in Lehmerde gut.

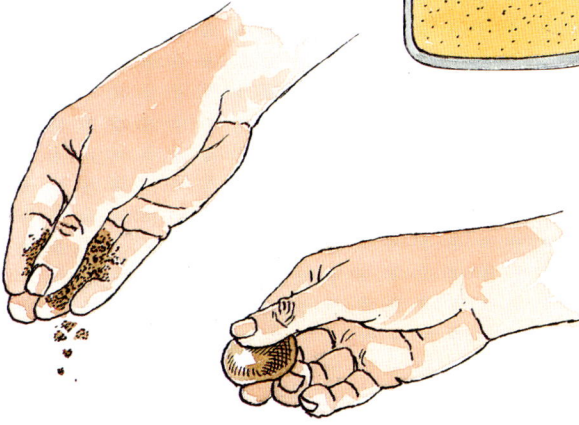

DIE GÄRTNER DER ALTEN ZEIT WÜRDEN SICH ÜBER
DIE VIELEN KUNSTDÜNGER WUNDERN, DIE WIR
HEUTE VERWENDEN. FOLGEN SIE IHREM BEISPIEL UND
BENUTZEN SIE BILLIGE, GESUNDE, NATÜRLICHE
DÜNGEMITTEL. IHRE PFLANZEN DANKEN ES IHNEN.

Bodenverbesserung

Geflügelmist ist eines der besten Düngemittel für den Garten. Er ist reich an Stickstoff. Verwenden Sie ihn sparsam, am besten gut mit Stroh verrottet.

TIPP

Frischer Stallmist sondert Ammoniak ab und versengt die Pflanzen. Lassen Sie ihn 6 bis 12 Monate auf einem Haufen oder in verschlossenen Säcken liegen, damit er verrottet und Unkrautsamen in der Hitze absterben. Graben Sie ihn dann in Gemüsebeete ein oder verteilen Sie ihn als Mulch auf Blumenbeeten. Kartoffeln mögen kompostierten Stallmist. Möhren und andere Wurzelgemüse treiben ihre Wurzeln jedoch in den Mist anstatt in den Boden.

TIPP

Graben Sie im Herbst und Frühling Kompost in schlechten, nassen Boden ein. Sonst verwenden Sie ihn als Mulch, damit er langsam in den Boden sinkt, diesen feucht und Unkräuter in Schach hält.

MIST

Abgelegener Mist macht jeden Boden fruchtbarer, lockert Lehmböden auf und macht Sandböden schwerer und feuchter. „Im Oktober düng dein Feld, dann bringt der Acker dir viel Geld. Viele Gärtner hielten früher Hühner und Schweine, kompostierten den Mist einige Monate und verteilten ihn dann auf ihren Beeten oder gruben ihn ein. Sie sammelten auch Pferdeäpfel, trockneten oder kompostierten sie und verteilten sie auf Rosenbeeten. Mist von Fledermäusen wurde ebenfalls verwertet, und wer am Meer lebte, sammelte Algen und Vogelmist. Mist enthält alle Mineralien, die der Garten braucht.

Peter Henderson empfahl im 19. Jahrhundert in seinem Gartenhandbuch *Gardening for Profit* „reinen Guano"-Dünger aus Südamerika sowie Horn- und Walknochenspäne für den Garten (Knochenmehl ist eiweißreiche Pflanzennahrung).

GRÜNDÜNGER

Die Idee, Pflanzen als Gründünger zu verwenden, ist Jahrhunderte alt. Eine lebende Pflanzenschicht versorgt den Boden mit Nährstoffen, weil sie Stickstoff bindet und Mineralien nach oben holt. Wenn Sie diese „Deckpflanzen" eingraben, ist die Düngung noch intensiver. Gründüngerpflanzen verhindern außerdem, dass sich auf leeren Beeten Unkraut ausbreitet, und sie können Schädlinge abschrecken.

KLEE

SENF

Klee versorgt den Boden mit Stickstoff und vertreibt Unkraut und Schädlinge. Senf wächst im Frühling oder Herbst rasch. Er verdrängt Unkraut und holt Mineralien aus der Tiefe der Erde, sodass seine Nachfolger sie verwerten können; zudem schreckt er einige Bodenschädlinge ab. Er darf jedoch keine Samen bilden, sonst müssen Sie ihn ständig jäten.

TIPP

Kaufen Sie Gründünger kiloweise in einer Saathandlung – nicht in teuren, gestylten Packungen.

Natürliche Düngemittel

Stallmist: Alter Mist mit Stroh ist immer geeignet. Kuh- und Schafmist können Sie im Herbst frisch in Sandböden eingraben. Für schwere Böden ist nur verrotteter Mist geeignet.
Kompost können Sie jederzeit verteilen oder eingraben.
Algen sind nährstoffreich und erschließen Nährstoffe im Boden.
Stroh ist ein guter Mulch auf leichten Böden. Da es viel Kohlenstoff enthält, mischen Sie es am besten mit stickstoffreichem Rasenschnitt.
Herbstlaub zerkleinern Sie mit dem Mäher, lagern es ein Jahr in Säcken und verwenden es dann als Mulch oder zum Eingraben.
Steinpulver kann Nährstoffmängel beseitigen.
Erdnussschalen sind reich an Kohlenstoff und lockern Komposthaufen auf.

HERBSTBLÄTTER

FOLGEN SIE DEM BEISPIEL TRADITIONELLER GÄRTNER UND WERFEN SIE KÜCHEN- UND GARTENABFÄLLE AUF DEN KOMPOST. DAS IST EIN VORZÜGLICHES UND BILLIGES DÜNGEMITTEL, DAS DEN BODEN KRÜMELIG MACHT, BEFEUCHTET UND LANGSAM MIT NÄHRSTOFFEN VERSORGT.

Kompost-bereitung

Kompostieren ist einfach. Sie werfen Küchen- und Gartenabfälle auf einen Haufen und unzählige Mikroorganismen verwandeln alles in nützlichen Dünger.

Sie können Kompost innerhalb weniger Wochen herstellen, indem Sie verschiedenes Material auf einmal, aber schichtweise in einen Kompostbehälter füllen. Dort erhitzt es sich schnell und verrottet, wenn Sie den Haufen regelmäßig wenden. Oder Sie werfen die Abfälle auf einen Haufen, wie sie anfallen, und lassen sie einige Jahre liegen. Dann verwenden Sie den Kompost als Mulch oder graben ihn ein, um die Bodenstruktur zu verbessern, Pflanzen zu ernähren und Krankheiten zu verhindern.

Aus Küchen- und Gartenabfällen wird idealer Kompost, der Pflanzen langsam düngt.

VOLKSGLAUBEN

Im 18. Jahrhundert wurden Bananenschalen in das Loch gelgt, ehe man Rosen pflanzte, oder man grub sie unter Gemüsebeeten ein. Sie verrotten schnell und liefern Kalzium, Magnesium, Schwefel, Phosphat, Natrium und Kieselsäure. Sie beschleunigen außerdem das Kompostieren.

BANANE

WAS LÄSST SICH KOMPOSTIEREN?

Rasenschnitt, Stallmist und junges Unkraut werden rasch zu Kompost. Mischen Sie Obst- und Gemüsereste, Teebeutel, Kaffeesatz, Eierschalen, Pflanzenreste, alte Blumen, zarte Äste, Kaninchen- und Hamsterstreu, getrocknete Unkräuter und zarten Heckenschnitt dazu.

TIPP

Wenn Sie zu wenige Ab-
fälle für einen Kompost-
haufen haben, können Sie
bei einem nahe gelegenen
Recyclinghof vielleicht
Kompost kaufen.

DIE PFLEGE DES KOMPOSTHAUFENS

Kompost braucht Luft, Feuchtigkeit und Wärme. Aus einem
schlichten Haufen von Abfällen wird innerhalb von 6 bis
12 Monaten guter Kompost; im Sommer geht es schneller.
Lassen Sie den Kompost nie austrocknen. Gießen Sie ihn
bei trockenem Wetter, sonst hört der Zerfall auf.

Sie können Maschendraht um vier Pfosten spannen oder aus
einer Plastikmülltonne (ohne Boden und mit Seitenlöchern) einen
Kompostbehälter machen. Diesen können Sie natürlich auch
kaufen. Behälter werden heiß und beschleunigen das Verrotten,
doch mit der Zeit verrottet auch ein einfacher Haufen.

BEINWELL

Kompostbehälter aus Maschendraht
sorgen für eine gute Belüftung. Sie
sollten sie aber zusätzlich mit Karton
oder einem alten Teppich umwickeln.
Ein Plastikbehälter muss mindestens
250 Liter aufnehmen, sonst wird der
Kompost nie heiß.

Kompostieren Sie
nie Fisch, Fleisch,
Katzenstreu,
Hundekot, Weg-
werfwindeln oder
Zeitschriften. Zu
viel Rasenschnitt
auf einmal wird
schleimig – legen
Sie daraus 10 cm
dicke Schichten
zwischen anderes
Material.

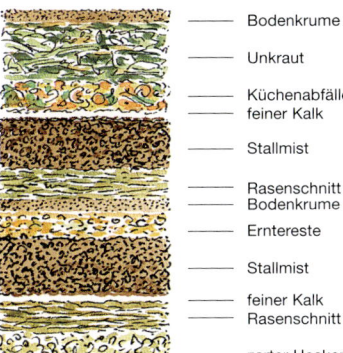

— Bodenkrume

— Unkraut

— Küchenabfälle
  feiner Kalk

— Stallmist

— Rasenschnitt
  Bodenkrume

— Erntereste

— Stallmist

— feiner Kalk
  Rasenschnitt

— zarter Heckenschnitt

WURMBEHÄLTER

Wenn Sie einen winzigen Garten oder nur einen
Balkon haben, ist ein Behälter für Würmer (*Eisenia
foetida*) nützlich. Diese leben von Kompost, Pa-
pierfetzen und Küchenabfällen und verwandeln
das alles in Wurmhäufchen, die der beste Kompost sind. Im Winter müssen Sie den Behälter
warm halten, im Sommer kann er im Freien stehen.

ES SCHEINT SO EINFACH:
MAN NEHME EINEN SPATEN UND
GRABE DIE ERDE UM. DOCH
EINIGE ALTE TRICKS ERSPAREN
IHNEN VIEL ZEIT UND ÄRGER.

Umgraben oder nicht?

VOLKSGLAUBEN

Sie müssen nicht umgraben! Sie brauchen nur mit einem Spaten mindestens 5 cm gut verrotteten Kompost auf dem Boden zu verteilen.
Behalten Sie diese 5 cm immer bei und erneuern Sie diese Schicht jedes Jahr – das ist alles. Streuen Sie die Saat einfach darauf. Das erspart Ihnen Arbeit und steigert den Ertrag. Allerdings brauchen Sie dazu viel Kompost.

SPATEN

WANN UMGRABEN?

„Wer den Boden im nassen April oder im trockenen Sommer bestellt, muss im Winter hungern." Sprichwörter stützen sich oft auf Erfahrungen. Kein guter Gärtner bearbeitet den Boden, wenn er sehr nass oder sehr trocken ist. Ist er zu trocken, wird er zu krümelig und speichert zu wenig Wasser; ist er zu nass, wird er zu kompakt, und das Wasser läuft schlecht ab. In beiden Fällen machen Sie sich und den Pflanzen das Leben schwer.

An sehr heißen Tagen begannen die Gärtner in England und Amerika vor Sonnenaufgang mit der Arbeit, hörten am Mittag auf und machten am frühen Abend weiter. Folgen Sie diesem Beispiel, wenn Sie im Hochsommer pflanzen müssen, und bewässern Sie den Garten hinterher gut, damit der Boden und die Pflanzen sich erholen. Bei nassem Wetter sollten Sie den Boden nicht betreten, sondern sich auf ein breites Brett stellen, um Ihr Gewicht zu verteilen.

TIPP

Nach dem Umgraben des Gemüsebeetes im Frühling bedecken Sie es mit Kompost und legen Bretter quer übers Beet.
In einem Blumenbeet sehen Trittsteine attraktiver aus.

Ihr Boden belohnt gute Pflege, auch wenn Sie nicht umgraben. Lassen Sie ihn bei sehr trockenem oder nassem Wetter in Ruhe und geben Sie ihm an schönen Frühlings- und Herbsttagen Kompost.

ZWEI-SPATENSTICH-METHODE

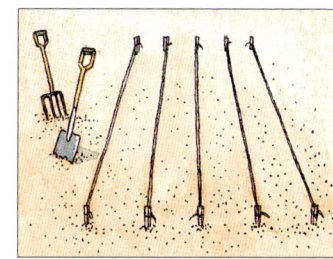

1. Schritt
Dies ist die beste Methode, um den Boden zu verbessern. Das Beet wird in 30 cm breite Streifen geteilt.

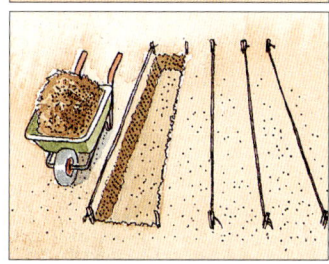

2. Schritt
Bodenkrume (Oberkrume) aus dem ersten Streifen in eine Schubkarre schaufeln.

3. Schritt
Den Untergrund im Graben mit der Forke gründlich lockern.

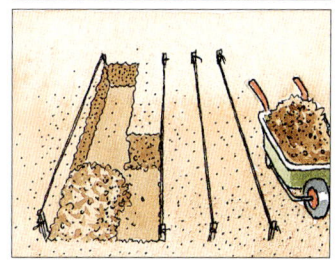

4. Schritt
Den ersten Graben mit der Bodenkrume des zweiten Streifens und gut verrottetem Kompost oder Stallmist füllen. Der Oberboden des ersten Grabens füllt den Letzten.

DIENST AM WURM

Nachdem Sie ein Blumenbeet bepflanzt haben, brauchen Sie es nie wieder umzugraben – überlassen Sie das den Würmern. Verteilen Sie im Herbst oder Frühling Mulch oder Kompost auf dem Boden. Wenn Sie eine Pflanze entfernen oder eine neue setzen, graben Sie ein Loch, das doppelt so groß wie der Wurzelstock ist, schütten etwas Kompost hinein und mischen beim Auffüllen weiteren Kompost in die Erde.

UMGRABEN MIT DER BODENFRÄSE

Wenn Ihr Garten sehr groß ist, möchten Sie den Boden vielleicht maschinell umgraben, jäten, lockern und Kompost oder Gründünger einbringen. Übertreiben Sie aber nicht – eine Bodenfräse kann die Unkrautplage verschlimmern, weil sie kriechende Wurzeln zerteilt und verteilt. Eine zu starke Bodenbearbeitung zerstört außerdem die Krume und macht den Boden hart. Benutzen Sie die Fräse, wenn Sie neue Beete anlegen, oder einmal im Jahr, um den Boden vor der Bepflanzung zu lockern.

VOLKSGLAUBEN

Licht bringt Unkrautsamen zum Keimen. Darum bearbeiteten manche Gärtner in der alten Zeit ihren Garten nachts. Leider bekommen die meisten Unkräuter dennoch stets genug Licht!

KAPITEL 3

FANGEN WIR AN!

WIR KÖNNEN HEUTE JEDE PFLANZE KAUFEN, DIE WIR HABEN WOLLEN, SOGAR ÜBER DAS INTERNET. TROTZDEM SOLLTEN WIR ÜBER DIE ALTEN GÄRTNER NACHDENKEN, DIE IHRE EIGENEN METHODEN HATTEN – MANCHE PFLANZEN HOLTEN SIE AUS DER WILDNIS, ANDERE BEKAMEN SIE VON FREUNDEN, NACHBARN UND ANDEREN GÄRTNERN.

DIE SAAT WURDE SORGFÄLTIG AUFBEWAHRT UND ABLEGER WURDEN ERBETTELT, GETAUSCHT ODER HEIMLICH „BESORGT". PFLEGE UND VERMEHRUNG DER PFLANZEN WAREN SEHR WICHTIG, WEIL ES NICHT IMMER LEICHT WAR, PFLANZEN ZU BESCHAFFEN. WIR KÖNNEN VON DEN ALTEN GÄRTNERN SEHR VIEL LERNEN. ES MACHT SPASS, BEGEHRTE PFLANZEN NICHT ZU KAUFEN, SONDERN MIT FREUNDEN ZU TAUSCHEN.

BEVOR ES SAMENHÄNDLER UND GARTEN-
GROSSMÄRKTE GAB, HALFEN DIE
GÄRTNER SICH GEGENSEITIG AUS.
PFLANZENVERMEHRUNG IST EINE
WISSENSCHAFT FÜR SICH, ABER IHRE
GRUNDLAGEN SIND EINFACH.

Schätze vermehren

NELKEN

Viele beliebte Gartenblumen, wie Nelke *(Dianthus* ssp.), Lavendel, Ringelblume *(Calendula officinalis),* Purpurwinde, Stockrose *(Alcea rosea)* und Hunderte mehr, haben sich aus den ersten Gärten in die ganze Welt ausgebreitet.

GÄRTNERJARGON

Einjährige Pflanzen blühen, bilden Samen und sterben – alles in einer Saison. Darum müssen sie jedes Jahr gesät werden. Der lateinische Name ist oft ein Hinweis darauf, etwa bei der Sonnenblume *(Helianthus annuus)* oder der Gartenlevkoje *(Matthiola incana).* Einjährige sind meist frostempfindlich, aber pflegeleicht. Säen Sie einfach im Frühling und genießen Sie den Lohn.

Mehrjährige Pflanzen erneuern sich Jahr für Jahr aus der Wurzel. Manche, darunter die Taglilie *(Hemerocallis* ssp.), sind äußerst langlebig, andere, etwa der Lavendel, sterben bisweilen nach einigen Jahren ohne erkennbaren Grund ab. Mehrjährige vermehren Sie am besten mit Ablegern oder geteilten Wurzelstöcken; Sie können es jedoch auch mit Säen probieren.

Zweijährige Pflanzen blühen im zweiten Jahr, bilden Samen und sterben bald danach. Die Samen sind meist winterfest, und aus dem Wurzelstock sprießen oft junge Pflänzchen. Beispiele sind Fingerhut und Stockrose. Lassen Sie Zwei- jährige einfach stehen und versetzen Sie die Sämlinge im Frühling.

FINGERHÜTE

ALTE UND NEUE SORTEN

Die meisten alten Gartenblumen wachsen aus Samen und sehen aus wie die Mutterpflanze. Hybriden sind Kreuzungen aus zwei Familien und haben meist aufregende Farben und Formen, die der Nachwuchs jedoch nicht beibehält. Darum hat die prächtige krausblättrige Akelei *(Aquilegia hybrida)* in der nächsten Generation wieder ihre matten Purpurblüten. Um erneut Hybriden zu bekommen, verwenden Sie Ableger oder teilen große Wurzelstöcke.

PFLANZENZÜCHTUNG

Seit der erste Gärtner die Samen einer Blume aufbewahrte, um sie im nächsten Jahr auszusäen, versuchen Menschen, Pflanzen zu verändern. Sie arbeiten hart, um die größten, widerstandsfähigsten und schönsten Sorten zu züchten. Der Shirley-Mohn ist ein gutes Beispiel; er wurde aus dem gewöhnlichen Klatschmohn *(Papaver rhoeas)* gezüchtet.

Klatschmohn wächst auf vielen Getreidefeldern. 1881 entdeckte Pfarrer Wilkes in Shirley (England) in einem Feld neben dem Friedhof einen purpurroten Mohn mit weißen Rändern und züchtete aus dem Samen eine neue Sorte: den Shirley-Mohn.

GENTECHNIK

Gentechnisch veränderte Pflanzen sollten zunächst nur widerstandsfähig gegen Krankheiten und Herbizide sein. Gentechniker verpflanzten zu diesem Zweck DNS aus einer Zelle in eine andere. Vielen Menschen ist dabei unbehaglich zumute, weil auf diese Weise sogar tierische und pflanzliche Gene ausgetauscht werden können.

Die Gentechnik ist sehr umstritten. Umweltschützer befürchten, dass genetisch veränderte Pflanzen andere Arten mit ihren Pollen verseuchen; dass immer mehr Herbizide versprüht werden, wenn die Nutzpflanzen dagegen immun sind; dass das Unkraut ebenfalls immun wird und dass andere Pflanzen und Tiere sich nicht anpassen können. Unklar ist auch, welche Rechte Gärtner und Verbraucher haben und ob große Konzerne den Samenhandel unter sich ausmachen dürfen.

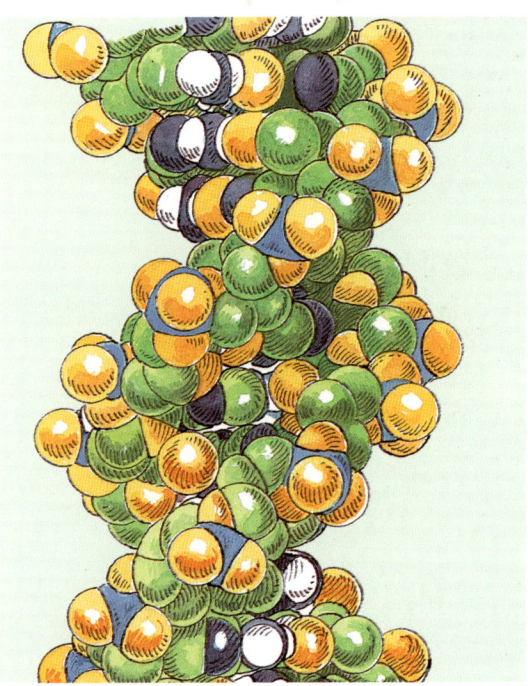

Gentechniker können einer Pflanze Gene einer anderen Pflanzenart und sogar Tiergene einsetzen. Dadurch könnte der Ertrag steigen, doch die Gentechnik wirft viele ethische Fragen auf.

49

SIE KÖNNEN SAMEN FAST JEDER PFLANZENART
KAUFEN, ABER ES MACHT MEHR SPASS, SICH DIE
SAMEN IM EIGENEN GARTEN ZU HOLEN.

Samen aufbewahren

EIN GERECHTER TAUSCH

Eine Redensart aus dem 16. Jahrhundert rät Hausfrauen, Pflanzensamen für das nächste Jahr aufzubewahren und sie mit Nachbarn zu teilen. Das mussten alle Bauern und Gärtner viele Tausend Jahre lang ohnehin tun.

„Pflück nicht die Blume, wenn du den Samen brauchst." Früher ließ man einen Teil der Ernte stehen, damit die Samen reifen konnten. Heute können wir fast alle Pflanzensamen kaufen, die wir haben wollen. Es macht aber größeren Spaß, Samen zu sammeln und daraus Pflanzen zu ziehen. Alte Sorten sollten unbedingt erhalten bleiben und nicht von Hybriden verdrängt werden, die derzeit in Mode sind.

Bewahren Sie Samen an einem kühlen, trockenen Ort auf und vergessen Sie die genaue Beschriftung nicht.

TIPP

Nehmen Sie reife Samenkerne aus trockenen Pflanzen, am besten in der Morgenmitte, wenn der Tau verdunstet ist. Wenn Regen einsetzt, reißen Sie die Pflanze aus und hängen sie an einem luftigen Ort auf, bis die Samen trocken sind.

SAMEN SAMMELN

Sammeln Sie an trockenen Tagen, bevor die Samenkapsel platzt und die Samen verstreut werden. Bohnen- und Erbsensamen sind einfach zu sammeln: Sie lassen einige Schoten am Busch trocknen, bis die Samen in der Schote rasseln. Dann nehmen Sie sie heraus und bewahren sie an einem kühlen, trockenen Platz luftdicht auf. Früher verwendeten die Gärtner für große Samen verschließbare Gläser und für kleine Samen braune Papiertüten. In Plastikbeuteln schimmeln die Samen.

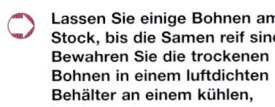
Lassen Sie einige Bohnen am Stock, bis die Samen reif sind. Bewahren Sie die trockenen Bohnen in einem luftdichten Behälter an einem kühlen, trockenen Ort auf.

ALTE SORTEN

In unserer Kindheit dufteten Gartenwicken süßer als die heutigen Arten. Das ist keine Nostalgie – moderne Sorten wurden wegen ihrer Farben und großen Blüten gezüchtet, nicht wegen des Geruchs. Wenn Sie irgendwo eine alte Sorte entdecken, bitten Sie den Gärtner um einige Samen. Oder kaufen Sie Samen alter Sorten von Händlern, die darauf spezialisiert sind. Da Gartenwicken einjährig sind, müssen Sie einige Samen aufbewahren.

○ **Werfen Sie die Samen in einem flachen Sieb oder Korb hoch, um sie von Pflanzenresten zu trennen.**

TROCKENREINIGUNG

Wenn Sie Samen nach sehr trockenem Wetter sammeln, können diese zunächst in den Samenkapseln verbleiben. Gartenwicken- und Purpurwindensamen können Sie in den Hülsen aufbewahren. Auch getrocknete Mohnsamenkapseln sind lagerfähig. Andere Samen holen Sie aus der Kapsel heraus und bewahren sie in einem luftdichten Behälter an einem kühlen, trockenen Ort auf. Vorher schütten Sie die Samen in ein Sieb und werfen sie bei leichtem Wind langsam in die Luft, um andere Pflanzenreste zu entfernen.

SETZLINGE

Im Haus können Sie Samen in Gefäßen aller Art ansetzen.

ES GIBT VIELE SPRICHWÖRTER ÜBER DAS RICHTIGE SÄEN. NEHMEN SIE DIESE URALTEN ER-FAHRUNGEN ERNST.

Säen

VOLKSGLAUBEN

Manche Gärtner säen schon an den ersten warmen Frühlingstagen.
Um zu keimen brauchen die Samen aber warmen Boden.
Es hängt von Ihrem Boden und von der Situation ab, wann Sie anfangen; doch wenn Sie ein altes englisches Sprichwort beherzigen, machen Sie nichts falsch:
„Säe erst, wenn du mit nacktem Hintern auf dem Boden sitzen kannst."
Ist die Erde noch zu kalt, haben Sie wenig Erfolg.

DIE SAATZEIT

„Trocken säen und nass pflanzen" ist eine goldene Regel. Warten Sie auf trockenes Wetter, ehe Sie aussäen, und säen Sie nicht in zu nassen Boden, damit die Saat nicht schimmelt. Sie braucht aber genügend Wasser, damit sie keimt.

„Nach dem Säen stampf mit den Füßen und klatsch mit der Hand. Dann dreh dich um und betrachte dein Land." Dieser Spruch aus dem 15. Jahrhundert erinnert uns daran, dass der Boden über der Saat fest sein muss. Früher trat oder klopfte man ihn fest. Ist der Boden zu locker, trocknen die jungen Keime in kalter, trockener Luft aus.

SAMEN AUSSÄEN

Im Freien säen Sie in ein Beet mit gutem, fein geharktem Boden. Im Haus setzen Sie in einem sauberen Topf oder in einer Aussaatschale an. Verwenden Sie sterile Erde aus der Gärtnerei, Vermiculit oder Perlit mit gutem Kompost oder Boden. Füllen Sie das Gefäß knapp bis zum Rand und drücken Sie die Erde an den Kanten leicht an, um Lufttaschen zu beseitigen.

Säen Sie die Samen dünn auf die Oberfläche des Bodens oder richten Sie sich nach den Angaben zur Saattiefe auf der Packung. Schütten Sie die Samen aus der Tüte oder aus einem gefalteten Blatt Papier. Begonien (*Begonia* ssp.) und einige andere Pflanzen haben winzige Samen, die Sie am besten mit etwas feinem Sand mischen, um sie leichter verteilen zu können. Große Samenkörner werden in einzelne Töpfe gesetzt.

TIPP

Eierkartons sind für Setzlinge ideal. Platzieren Sie einen großen Samenkern oder Setzling in jedem „Topf". Wenn es Zeit für das Pflanzen im Freien ist, zerschneiden Sie den Karton und setzen jeden Topf in den Garten, ohne die Wurzeln zu stören. Auch die Pappröhren von Toilettenpapier sind geeignet, denn sie zersetzen sich in der Erde ebenfalls.

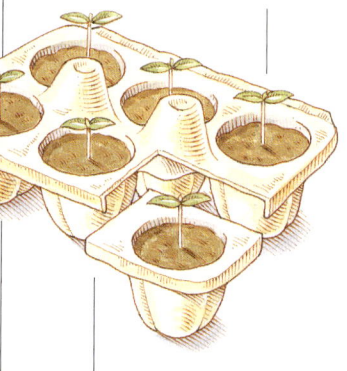

Setzlinge bleiben im Haus, bis sie groß genug für das Versetzen ins Beet sind.

Schneiden Sie jeden Topf ab und setzen Sie ihn in die Erde.

⬤ Eierkartons sind umweltfreundliche Aussaattöpfe.

EINE EINFACHE PROZEDUR

1. Schritt
Aussaatschale mit Kompost füllen.

2. Schritt
Kleine Samen auf den Boden streuen und mit feinem Sand bedecken. Größere Samenkerne mit Kompost bestreuen.

3. Schritt
Schale mit einer Glasscheibe und Zeitungspapier abdecken.

SAMEN BEWÄSSERN

Bewässern Sie die Samen gleich nach dem Säen ein wenig. Stellen Sie die Gefäße in lauwarmes Wasser, bis der Boden feucht ist. Damit er gleichmäßig feucht bleibt, decken Sie die Töpfe oder Schalen mit Glas oder durchsichtigem Plastik zu. Wenn die Samen zum Keimen Dunkelheit brauchen, legen Sie darauf noch ein Blatt Zeitungspapier, bis die Keimlinge erscheinen. Stellen Sie die Gefäße in den Schatten und halten Sie den Boden feucht. Sobald die ersten Sprossen kommen, decken Sie den Behälter auf.

Setzlinge bleiben im Gefäß, bis sie mindestens drei Blattpaare haben. Dann setzen Sie sie bei nassem Wetter in unkrautfreien, krümeligen Boden, damit die Wurzeln Halt finden. Seien Sie unbesorgt, wenn die Pflänzchen einige Tage traurig aussehen. Geben Sie ihnen Schatten und Feuchtigkeit.

IN DER NATUR VERMEHREN SICH DIE PFLANZEN VON SELBST. SAMEN FALLEN ZU BODEN, KEIMEN UND WACHSEN ZU NEUEN PFLANZEN HERAN. IM GARTEN MÜSSEN WIR DEN SAMEN EIN WENIG HELFEN.

PAPRIKA

Erfolgreiche Aussaat

TOMATE

AUBERGINE

Die meisten einjährigen Blumen- und Gemüsesamen brauchen sehr wenig Wärme und Feuchtigkeit, um zu keimen. Warten Sie, bis der Boden sich erwärmt, und säen Sie auf fein geharkte Erde oder beginnen Sie im Haus mit Aussaatschalen. Sonneliebendes Gemüse, etwa Tomaten und Paprika, keimt am besten bei leichter Wärme von unten. Stellen Sie die Schalen einige Tage auf den Kühlschrank oder auf einen anderen wärmeren Untergrund.

SAMEN FÜR DEN GARTEN

Viele Gartenpflanzen brauchen zum Keimen Kälte und Feuchtigkeit, denn in der Natur sorgen Chemikalien dafür, dass die Samen im Winter „schlafen" und im Frühling keimen. Anfang Herbst versetzt eine Säure sie in diesen Ruhezustand, die Winterkälte baut die Säure ab. Früher vergrub man die Samen in Behältern und lies sie in der Erde überwintern. Einfacher ist es, Samen – zum Beispiel die der Waldrebe *(Clematis* ssp.*)* – in einem verschlossenen Plastikbeutel in etwas feuchtem Boden oder Vermiculit mindestens 4 Wochen im Kühlschrank aufzubewahren und dann an einem warmen Ort auszusäen – für sie ist es dann Frühling.

GRETEL IM BUSCH

Bohnen wurden früher an Lichtmess gepflanzt. Das war vernünftig, denn Samen ziehen zunächst Wasser, dann dehnen sie sich aus und platzen.

Auf der Nordhalbkugel ist Lehmerde am 2. Februar noch kalt und nass; darum sind die Samen von Feuchtigkeit umgeben, die ihre harte Schale aufweicht.

Wenn sie zum Keimen bereit sind, wird der Boden wärmer.

Wollen Sie später säen, sollten Sie Erbsen und Bohnen vorher über Nacht in kaltem Wasser einweichen.

TIPP

- Besäen Sie Aussaatschalen sparsam, damit keine Pilze *(Sclerotina)* wachsen (siehe S. 109) und die Setzlinge nicht verkümmern.

- Wenn Sie zwischen 14 und 16 Uhr säen, keimen die Samen besser, weil die temperaturempfindliche Phase der Keimung nachts, also bei geringerer Temperatur, beendet wird.

Weichen Sie die Samen der Gartenwicke *(Lathyrus odoratus)* vor dem Aussäen über Nacht in Wasser ein. Dann keimen sie kräftig und sind innerhalb weniger Tage sichtbar.

EINRITZEN

Viele Samen haben eine sehr harte Schale, in die das Wasser schlecht eindringt. In der Natur werden diese Kerne von Vögeln gefressen und in deren Verdauungskanal aufgeweicht. Reiben Sie solche Kerne sanft zwischen zwei Blättern Sandpapier. Dadurch erleichtern Sie dem Tragant *(Astragalus* ssp.*)*, der Lupine *(Lupinus* ssp.*)* und anderen Pflanzen das Keimen.

PETERSILIE

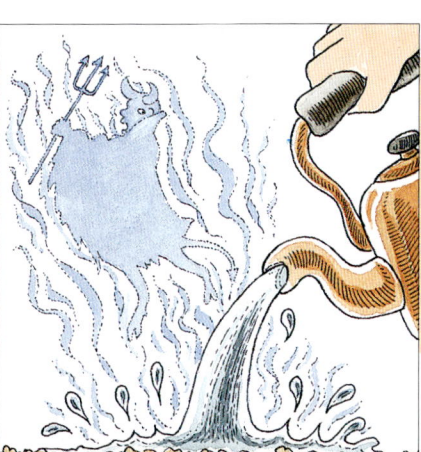

Um den Teufel abzuschrecken, goss man einst kochendes Wasser auf den Boden, ehe man Petersilie säte. Das könnte eine reale Grundlage haben, denn Petersilie keimt schlecht, und die Wärme scheint ihr zu helfen.

JEDER GÄRTNER MÖCHTE SEINEN PFLANZEN
MÖGLICHST GÜNSTIGE BEDINGUNGEN BIETEN UND
DABEI NOCH GELD SPAREN. DARUM LOHNT ES SICH,
TRADITIONELLE TIPPS ZU BEFOLGEN.

Setzlinge mögen krümeligen Boden und brauchen einige Tage lang Schatten.

Anpflanzen

VERGRABENE SCHÄTZE

Pflanzen lieben warmen Boden. Deshalb vergruben die Gärtner, die kalten Lehmboden im Garten hatten, vor dem Anpflanzen oft Schafswolle. Die Wolle lockerte den Lehm, sodass er besser belüftet und entwässert wurde und sich schneller erwärmte. Dasselbe leistet Sand, Schafswolle enthält jedoch zusätzlich Nährstoffe.

Üblich war es auch, um eine Wurzel herum Haare einzugraben oder einen Graben damit auszukleiden. Die Haare wurden zur Falle für Schädlinge und lieferten dem Boden zudem Nährstoffe. Vergraben Sie Bananenschalen knapp unter der Oberfläche, um Rosen und Kräuter mit Magnesium, Schwefel, Kalzium, Phosphaten, Kieselsäure und Natrium zu versorgen. Früher wurden auch alte Stiefel als langsam zerfallender Dünger vergraben – aber tun Sie das nur mit Lederstiefeln.

TIPP

- Kaufen Sie blühende Setzlinge, damit Sie wissen, was Sie haben. Denken Sie aber daran, dass Topfpflanzen im nächsten Jahr wahrscheinlich früher blühen als im Garten.

- Pflanzen Sie nach 16 Uhr. Die Sonne ist dann schwächer und die Wurzeln können sich während der kühlsten Stunden im Boden verankern.

VOLKSGLAUBEN

Jahrhunderte lang vergruben europäische Gärtner ein totes Schaf oder eine tote Kuh unter Reben oder Feigenbäumen. Knochen- und Blutmehl gehören in der Tat zu den besten Düngern, und ein verrottender Kadaver zieht Organismen an, die den Boden locker und krümelig machen, sodass die Wurzeln genügend Nährstoffe bekommen. Tierische Abfälle gehören jedoch nicht in den Gemüsegarten; sonst könnten Krankheiten auf Menschen übertragen werden.

WEINREBE

Fett ist gut für Blumen. Werfen Sie Fett nach dem Rösten also nicht weg, sondern nutzen Sie es, wenn Sie Rosen oder Kletterpflanzen setzen. Vergraben Sie das Fett mindestens 45 cm tief und mischen Sie dann zerquetschte Knoblauchzehen in den Boden, um Schädlinge abzuschrecken.

VOM TOPF INS BEET

1. Schritt
Graben Sie ein Loch, das doppelt so breit wie der Topf und einige Zentimeter tiefer ist. Die Erde mit Kompost oder gut verrottetem Stallmist mischen.

2. Schritt
Eine Hand fest an die Pflanzenbasis legen. Den Topf umdrehen, auf den Boden klopfen, um den Inhalt zu lockern, und die Pflanze behutsam herausholen.

3. Schritt
Wenn nötig, die Wurzeln sanft entwirren und dicke Wurzeln stutzen. Faserige Wurzeln intakt lassen. Sie sollten von viel Kompost umgeben sein.

4. Schritt
Die Pflanze auf Bodenhöhe ins Loch setzen. Ein Stöckchen über dem Loch hilft dabei.

5. Schritt
Das Loch auffüllen und den Boden mit den Händen oder Absätzen festdrücken. Gründlich gießen.

ALTE GEFÄSSE

DOSEN

Wenn Sie Gefäße bepflanzen wollen, können Sie alte Papierkörbe und große Dosen verwenden. Bohren Sie Löcher in den Boden und legen Sie sie innen mit einigen Steinen oder etwas Kies aus. Kaputte Körbe sind vorzügliche, leichte Gefäße. Sie sollten sie aber innen mit Moos oder Plastik auskleiden, damit sie feucht bleiben.

Alte Fässer eignen sich gut für Kartoffeln oder Erdbeeren, vor allem wenn der Platz knapp ist.

KORB

Metall ist ein guter Wärmeleiter; darum sind Metallbehälter für Pflanzen oft im Sommer zu heiß und im Winter zu kalt. Sorgen Sie für gute Entwässerung und kleiden Sie das Gefäß mit Plastik aus, damit es den Wurzeln nicht zu heiß wird. Alte Dosen haben gefährliche Ränder, die Sie vor dem Bepflanzen mit Klebeband umkleben sollten.

HOLZFASS

SAATKALENDER

SCHON BEVOR ES KALENDER GAB, WUSSTEN DIE MENSCHEN,
WANN SIE SÄEN SOLLTEN. ALTE BAUERNREGELN BLIEBEN GUT
IM GEDÄCHTNIS HAFTEN. SIE ENTSTANDEN AUF DER NORDHALBKUGEL
UND MÜSSEN AN DIE SÜDLICHE HEMISPHÄRE ANGEPASST WERDEN.

Säe Gurken im März und dein Korb bleibt leer. Säe Gurken im April und du kriegst kaum mehr. Säe Gurken im Mai und der Korb wird schwer.

Gurken brauchen viel Licht, Wärme und gleichmäßige Feuchtigkeit. Sie verabscheuen kalten Wind und Regen. Natürlich bezieht sich diese Redensart nicht auf Gewächshäuser.

Sind die Ulmenblätter noch klein, pflanze Erbsen, dann werden sie fein.

Ulmen gehören zu den Bäumen, die im Frühling zuerst Blätter bekommen. Viele alte Sprüche erinnern die Menschen daran, in dieser Zeit zu säen.

Am Valentinstag (oder an Lichtmess) setze Bohnen und sie werden dir's lohnen.

1753 ersetzte der gregorianische Kalender in den USA und in England den julianischen. Dadurch fielen 11 Tage weg und der Tag nach Lichtmess (2. Februar) war der Valentinstag.

Siehst du den Mond in der Waage stehen, sollst du Bohnen im Garten säen.

Dies ist ein Tipp für Menschen, die sich nach dem Mondkalender richten.

Früher wurden Gartenwicken am St.-Patrick-Tag (17. März) gesät, damit sie besonders gut dufteten. In Nordamerika werden an diesem Tag heute noch Kartoffeln gepflanzt.

Steht die Eiche grau wie der Junggänse Kleid, säe Gerste – es ist höchste Zeit.

Am Karfreitag wurde früher eifrig gepflanzt und gesät, unter anderem Kartoffeln, Stangenbohnen und Petersilie *(Petroselinum crispum).* An diesem Tag ist der Teufel machtlos und das Säen und Pflanzen steht unter einem guten Stern. Das gilt vor allem für die Petersilie, die zunächst zweimal zum Satan rei-sen muss, bevor sie im Garten wächst. Solche Ge-schichten wurden erzählt, weil Petersilie schlecht keimt, sodass sie oft dreimal gesät werden muss – zweimal für den Teufel und einmal für den Gärtner.

Oft schüttete man auch kochendes Wasser auf das Beet, bevor man Petersilie säte, um den Teufel abzuschrecken. Auch moderne Gärtner empfehlen, Petersilienbeete vor dem Säen zu wärmen.

Der Karfreitag war zugleich der „Tag des Henkers". Darum wurde an diesem Tag Hanf gesät, aus dem Stricke gemacht wurden.

Setz Bäume an Allerheiligen (1. November) und sie wachsen schön. Setz sie nach Lichtmess (2. Februar) und du musst betteln gehn.

Bäume sollen im Herbst gesetzt werden, damit die Wurzeln Ruhe haben und sich vor der Wachs-tumsperiode im Frühling anpassen können. Wenn man Bäume nach dem Februar pflanzt, ist das eine große Belastung für sie, weil sie sofort wachsen müssen.

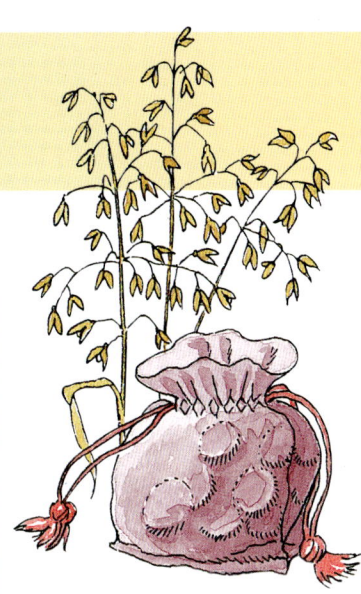

Wer im Januar Hafer sät, bekommt Grütze.

Das erinnert daran, dass Hafer möglichst früh gesät werden soll.

Pflanze Schalotten am kürzesten Tag und ernte sie am längsten.

Früher glaubte man, dass Zwiebeln „mit den Tagen wachsen".

LILIE

MIT ABLEGERN UND GETEILTEN WURZEL-
STÖCKEN KÖNNEN SIE DIE GLEICHEN
PFLANZEN ZIEHEN,
DIE SIE IM GARTEN
EINES FREUNDES
ODER NACHBARN
BEWUNDERN.

Pflanzen vermehren

Jahrhunderte lang waren alle Gärten sehr ähnlich bestückt. Doch im 18. und 19. Jahrhundert tauchten in den Gärten der reichen Leute allerlei aufregende neue Pflanzen auf – die Folgen des Reisens, des Handels und der Entdeckungsfahrten. Durch Ableger und Teilung breiteten sie sich allmählich in die Nachbargärten aus.

WEIDENWASSER

1. Schritt
Frische Weidenzweige in 2,5 cm lange Stücke schneiden, bis sie den Boden einer großen Kaffeekanne etwa 5 cm hoch bedecken.

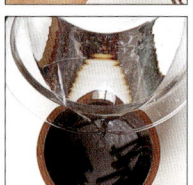

2. Schritt
Warmes Wasser hineingießen, bis die Zweigstücke 2,5 cm unter Wasser stehen.

3. Schritt
Die Kanne zudecken und die Weiden-stücke 48 Stunden einweichen.

4. Schritt
Die Weidenstücke entfernen und die Ableger vor dem Pflanzen 24 Stunden ins Wasser stellen.

ERFOLG MIT ABLEGERN

Alles, was Sie brauchen, ist eine gesunde Mutterpflanze und nährstoffarmer, gut ent-wässerter und lockerer Boden, zum Beispiel Topferde mit Sand. Am besten tauchen Sie die Enden der Ableger in ein Hormonimitat oder weichen sie darin ein. Diese Chemikalie, die dem Wachstumshormon ähnelt, ist in Gärtne-reien erhältlich. Eine Alternative ist Weiden-wasser (siehe links).

Nehmen Sie Ableger von kräftig wachsenden Schösslingen, und zwar bevor die Pflanze Knospen bildet. Schneiden Sie einfach ein 15 cm langes Stück vom Stiel ab. Entfernen Sie die Blätter vom unteren Drittel, aber lassen Sie oben mindestens zwei Blätter oder Blattpaare übrig. Setzen Sie den Ableger bis zur Mitte in den Boden. Besprühen Sie ihn regelmäßig mit Wasser; dann gießen Sie ihn, decken den Topf mit Plastik zu und stellen ihn an einen kühlen Platz.

In frostfreien Gärten können Sie Ableger gleich ins Beet setzen, am besten in ein Gemisch aus Boden, Kompost und Sand. Tauchen Sie die Enden der Ableger vorher in das Hormonimitat und halten Sie den Boden gleichmäßig feucht.

Tauchen Sie die Enden der Ableger in eine Chemikalie, die das Wurzel-wachstum anregt.

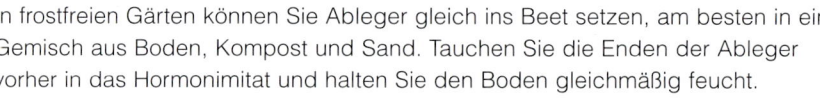

BEGONIEN

WURZELABLEGER UND ABSENKER

Begonien und einige andere Pflanzen wurzeln gut in einem Glas Wasser. Minze (*Mentha* ssp.) und Meerrettich (*Amoracia rusticana*) vermehren Sie, indem Sie ein Wurzelstück einpflanzen – sie wachsen aber derart üppig, dass sie in einem Gefäß besser aufgehoben sind als im Beet.

Die meisten Holzgewächse bilden neue Wurzeln, wenn ein Teil des Stiels im Boden festgepflockt wird. Sobald der Ableger wurzelt, schneiden Sie ihn von der Mutterpflanze ab und versetzen ihn.

TEILEN UND ABSENKEN

Pflanzen, die einige Jahre alt sind, können Sie im Frühling oder Herbst vermehren, indem Sie den Wurzelstock in zwei Hälften teilen. Einige zähe Pflanzen können Sie sogar mit dem Spaten in Scheiben schneiden. Schonender geht es mit zwei Forken, die Sie wegen der Hebelwirkung Rücken an Rücken stellen.

ROSE

Stecken Sie zwei Forken Rücken an Rücken in den Wurzelstock und ziehen Sie ihn behutsam auseinander.

SCHON BEVOR
ES DAS WORT
„PFLANZENSYMBIOSE"
GAB, WUSSTEN DIE
GÄRTNER, WELCHE
PFLANZEN EINAN-
DER MÖGEN. VON
DIESEM WISSEN
KÖNNEN SIE
HEUTE NOCH
PROFITIEREN.

Gute Pflanzenfreunde

AFRIKANISCHE STUDENTENBLUME

Pflanzen können einander gute Gefährten sein. Die eine schützt oder unterstützt die andere, versorgt eine Nachbarin mit Nährstoffen, schreckt Schädlinge ab oder beugt Krankheiten vor. Das kann ihrer Größe, ihren Gewohnheiten, ihrem Duft oder ihren Ölen, Hormonen und Enzymen zu verdanken sein.

GUTE NACHBARN

Zu den bekanntesten guten Nachbarn gehört die Studentenblume. Seit dem 16. Jahrhundert schätzen Gärtner sie wegen ihrer Farbe, ihrer Gestalt und ihrer Blätter, und außerdem entdeckten sie, dass andere Pflanzen in ihrer Nähe besser gedeihen. Heute wissen wir, dass die stark duftenden Blätter und Blüten fliegende Schädlinge vertreiben und dass Wurzelsekrete Unkräuter abschrecken und parasitäre Würmer (Nematoden) abtöten, die Gemüse vernichten.

ERBSEN

Erbsen und Bohnen sind gute Freunde anderer Arten, weil ihre Wurzeln im Boden Stickstoff binden. Als es noch keine Dreschmaschinen gab, bauten Bauern oft Getreide zusammen mit Bohnen an. Das Getreide gedieh dadurch besser und das Vieh bekam gehaltvolleres Futter.

Der Fingerhut ist ebenfalls ein altbekannter Helfer. Er war eine der ersten Pflanzen, die nicht nur wegen ihrer Schönheit ange-baut wurden, sondern auch, weil sie das Wachstum anderer Arten fördern und Krankheiten verhindern. Wenn er im Obst- oder Gemüsegarten wächst, verbessert er die Haltbarkeit des Obstes und des Gemüses, wahrscheinlich dank seiner Duftstoffe und der Hormone, die er absondert.

BOHNEN

Studentenblumen gehören nicht ins Kräuter-
beet, außer an den Rand, weil ihre Wurzelsekrete das Wachstum mancher Kräuter
hemmen.

Gute Nachbarn

- Äpfel, Goldlack, Schnitt-
  lauch, Kapuzinerkresse
- Spargel, Tomaten
- Bohnen, Studenten-
  blume, Kürbis, Mais
- Möhren, Bohnen,
  Zwiebeln, Knoblauch,
  Schnittlauch, Tomaten
- Rote Rüben, Zwiebeln,
  Kopfsalat, Kohl
- Borretsch, Tomaten,
  Erdbeeren
- Kartoffeln, Bohnen,
  Kohlarten, Erbsen, Mais
- Weintrauben, Ysop,
  Lavendel
- Sonnenblume, Kürbis,
  Mais, Gurken
- Tomaten, Petersilie,
  Basilikum, Möhren,
  Spargel, Zwiebeln
- Kopfsalat, Möhren, Kür-
  bis, Rettiche
- Rose, Zwiebeln
- Steckrüben, Erbsen

ERDBEEREN

KOHL

Schlechte Nachbarn

- Raute und Basilikum
- Stangenbohnen und
  Kartoffeln
- Rote Rüben und
  Bohnen
- Erdbeeren und Kohl
- Gladiolen und Bohnen
- Tomaten und Stachel-
  beeren

SPARGEL

TOMATEN

APFELBAUM

GUTE FREUNDE

Goldlack *(Erysimum cheiri)* wurde Jahrhunderte lang in Obstgärten gepflanzt. Er blüht früh, lockt also Insekten an, die dann
auch die Baumblüten befruchten. Die Große Kapuzinerkresse
(Tropaeolum majus) lockt Blattläuse von Bäumen und Kriebelmücken vom Gemüse fort.

Zwiebeln, Knoblauch und ihre Verwandten vertreiben mit ihren
Schwefelverbindungen viele Schädlinge und vernichten Pilze.

Zu den zahlreichen Kräutern, die Gemüsepflanzen mit ihrem
starken Duft schützen (siehe S. 136), gehört auch die Kamille
(Anthemis nobilis und *Matricaria chamomilla)*. Schon im
17. Jahrhundert rühmte man den „süßen Atem" ihrer Blätter.
Außerdem holt sie Kalium, Schwefel und Kalzium an die Oberfläche, sodass andere Pflanzen diese Mineralien verwerten
können, und lockt nützliche Fliegen und Wespen an.

Die stark duftende Raute *(Ruta graveolens)*
galt lange als Zauberkraut. Viele Gärtner
wollten sie früher nicht haben.

Der alte Glaube, sie mache Salbei giftig,
hat zwar keine Grundlage, aber ihre Wurzelsekrete schaden dem Kohlgemüse und
hemmen das Wachstum des Basilikums.
Die Absonderungen ihrer Blätter hindern
Samen am Keimen.

Zudem sind manche Menschen allergisch
gegen das Öl der Blätter.

Der Mond

VIELE GÄRTNER PFLANZEN
IN BESTIMMTEN MOND-
PHASEN ODER RICHTEN
SICH NACH PLANETEN-
KONSTELLATIONEN.

VOLKSGLAUBEN

Die Maori in Neuseeland glauben, dass der
Mond Feldfrüchte beschützt. Darum pflanzen
sie Süßkartoffeln am 11., 27. und 28. Tag des
Mondmonats und verwenden dazu lange
Spaten, in deren Griffe Mondsicheln ge-
schnitzt sind. Das alte englische Sprichwort
„Helle Weihnacht, magere Ernte" bedeutet,
dass ein Vollmond an Weihnachten eine
schlechte Ernte ankündigt.

Von alters her glaubten viele Menschen, dass
Pflanzen schneller keimen und wachsen, wenn
sie bei zunehmendem Mond gesät oder gesetzt werden. Wurzelgemüse und Gemüse, das
langsam wachsen soll, pflanzte man einst bei
Neumond oder abnehmendem Mond. Was
oberhalb der Erde wuchs, wurde bei Vollmond
oder zunehmendem Mond gesät. Das hört sich
nach Aberglauben an – dennoch befolgen viele
Gärtner den Rat, Kartoffeln bei abnehmendem
Mond zu pflanzen.

KARTOFFELN

○ Pflanzen mit Samen im Inneren, etwa Melonen und Paprika, werden zwischen dem ersten Viertel des zunehmenden Mondes und dem Vollmond gesetzt.

FAKTEN ODER FANTASIE?

Manche Menschen behaupten, man müsse nach dem Mond gärtnern, weil er alles Wasser beeinflusse und Pflanzen überwiegend aus Wasser bestünden. Auch die Anziehungskraft der Sonne beeinflusst das Wasser, doch der Einfluss des Mondes ist größer, weil er der Erde viel näher ist. Pflanzen, die nach oben wachsen, säte man früher bei zunehmendem, Wurzelpflanzen bei abnehmendem Mond. Doch auch der Wasserbedarf spielt eine Rolle. Wenn das Wasser bei zunehmendem Mond steigt, können Samen und Setzlinge es leichter absorbieren. Darum werden Pflanzen, die Trockenheit mögen, bei abnehmendem Mond und Wasser liebende Pflanzen bei zunehmendem Mond gesetzt.

VOLKSGLAUBEN

Mondphasen beeinflussen das Verhalten und die Fortpflanzung der Tiere. Pflanzen sind in den ersten Tagen der Keimung am anfälligsten gegen Schädlinge; darum kann die Ernte geringer sein, wenn in einer Mondphase gesät wird, in der Schädlinge aktiver sind. Kleine Nager gehen am liebsten bei Neumond auf Futtersuche, weil sie dann besser vor Eulen geschützt sind. Deshalb sollte Mais nicht bei Neumond gepflanzt werden.

SONNENLICHT

Der wichtigste Umweltfaktor beim Blühen ist das Sonnenlicht, also vor allem die Länge der Nacht (Fotoperiodismus). Pflanzen reagieren auf Licht, das viel schwächer ist als das Licht des Vollmondes – darum wäre es erstaunlich, wenn die Mondphasen keinen Einfluss auf sie hätten. Wenn aber der Mond die Blütezeit beeinflusst, ist es nicht unvernünftig, seine Phasen beim Säen zu berücksichtigen. Beim Wurzelgemüse sind Blüten meist unerwünscht, aber für viele Pflanzen, die über der Erde wachsen – etwa Mais, Erbsen und Bohnen – sind sie notwendig.

○ Pflanzen mit äußeren Samen, wie Spargel und Kohl, werden in der ersten Woche nach Neumond gesetzt.

Mondgärtner richten sich auch nach den Tierkreiszeichen und Planeten.

STEINBOCK (weiblich)
Erdhaft, produktiv (mäßig fruchtbar)

WASSERMANN (männlich)
Unfruchtbar, trocken

FISCHE (weiblich)
Fruchtbar, wässerig

WIDDER (männlich)
Unfruchtbar, trocken, rau

STIER (weiblich)
Produktiv, feucht, erdhaft (mäßig fruchtbar)

ZWILLINGE (männlich)
Unfruchtbar, trocken, luftig

KREBS (weiblich)
Fruchtbar, feucht, wässerig

LÖWE (männlich)
Unfruchtbar, trocken, rau

JUNGFRAU (weiblich)
Unfruchtbar, feucht, erdhaft

WAAGE (männlich)
Fruchtbar, feucht, luftig

SKORPION (weiblich)
Fruchtbar, feucht, wässerig

SCHÜTZE (männlich)
Unfruchtbar, trocken, rau

KAPITEL 4

PFLANZEN-PFLEGE

SIE BRAUCHEN WEDER VIEL ZEIT NOCH VIEL GELD, WENN SIE EINEN SCHÖNEN, ERTRAG-REICHEN GARTEN HABEN WOLLEN. ABER SIE MÜSSEN DEN PFLANZEN GEBEN, WAS SIE BRAUCHEN: NÄHRSTOFFE, DIE RICHTIGE MENGE WASSER UND SCHUTZ VOR DEN ELEMENTEN.

WENN SIE EINIGE JAHRE IM GARTEN GEARBEITET HABEN, BRAUCHEN SIE IHRE PFLANZEN WAHRSCHEINLICH NUR ANZUSEHEN, UM ZU WISSEN, WAS IHNEN FEHLT. BIS DAHIN FOLGEN SIE AM BESTEN DEN RATSCHLÄGEN, DIE SICH SEIT JAHRHUNDERTEN BEWÄHRT HABEN, UND PASSEN SIE BEI BEDARF IHREM GARTEN UND IHRER LEBENSWEISE AN.

DIE BESTE NAHRUNG FINDEN PFLANZEN IN NÄHR-
STOFFREICHEM BODEN. DOCH MANCHMAL KÖNNEN
ODER WOLLEN SIE NICHT IM BODEN GRABEN –
DANN SIND MULCH UND FLÜSSIGDÜNGER EINE
ALTERNATIVE.

Mulch und Tee

Halb verrottetes Stroh ist ein hervorragender Mulch für Kräuterbeete. Rechen Sie ihn im Herbst weg und ersetzen Sie ihn durch Kompost, Mist oder verrottetes Laub.

Kürbisse brauchen viele Nährstoffe. Sie profitieren von Mulch aus Stallmist oder Flüssigdünger aus Mist.

MULCH

Mulch ist organisches Material, das auf einem Beet oder um einzelne Pflanzen herum verteilt wird. Er ist ein gutes Dünge-mittel, das langsam abgebaut wird, Wasser bindet und Unkraut in Schach hält.

Stallmist ist seit langem als Mulch beliebt und für Rosen und mehrjährige Pflanzen ideal. Mist muss aber gut kompostiert sein, ehe Sie ihn im Garten verteilen. Herbstlaub kostet nichts und gibt Nährstoffe langsam frei; Sie sollten es jedoch vorher ein Jahr lang kompostieren. Holzspäne sind attraktiv und halten lange – aber sie dürfen nicht frisch sein, weil sie sonst beim Abbau Stickstoff binden. Verwenden Sie lieber kompostierte Späne. Auch Pilzkompost ist ein vorzüglicher Mulch.

ZWIEBELN IM MULCH

FLÜSSIGES GOLD

Jeder Garten hat Platz für einen Mist- oder Komposthaufen. Beide verbessern den Boden und eignen sich auch als Flüssigdünger. Füllen Sie einen Eimer halb mit Kompost oder Mist und gießen Sie Wasser bis zum Rand nach. Lassen Sie das Ganze einen Tag stehen, seihen Sie die Flüssigkeit ab und verdünnen Sie sie, bis sie bernsteinfarben ist. Gießen Sie damit Zierpflanzen im Frühling und gelegentlich zwischendurch. Nährstoffhungrigen Pflanzen wie Kürbis und Kohl geben Sie diesen „Tee" anstelle von Wasser. Sprühen Sie ihn aber nicht auf Kräuter oder auf Pflanzen, die Sie bald ernten wollen.

Tee aus Beinwell *(Symphytum* ssp.) ist eines der besten Düngemittel, aber er riecht beim Aufbrühen ziemlich schlecht. Lassen Sie mehrere Arm voll Beinwellblätter einige Wochen lang in einem zugedeckten Behälter ziehen. Dann können Sie den Tee jederzeit überall im Garten verwenden, um Pflanzen mit Mineralien zu versorgen. Beinwell stärkt auch müde Zimmerpflanzen. Schachtelhalmtee ist ebenfalls reich an Mineralien, diese Pflanze verrottet jedoch langsamer.

VOLKSGLAUBEN

Alte Handbücher empfehlen Aufguss aus Holzasche als beste Kaliumquelle für Tomaten. Asche stört jedoch das Gleichgewicht der Salze im Boden. Handelsübliche Fischprodukte sind daher besser. Sie enthalten oft recht viel Kalium und lassen sich verflüssigen.

TIPP

- Mulchen Sie bei feuchtem Wetter oder gießen Sie die Beete vorher gründlich. Unter dem Mulch sollte der Boden feucht bleiben. Bei trockenem Wetter gelangt zu wenig Wasser an die Wurzeln der Pflanzen.

- Um den Geruch von Beinwelltee zu dämpfen, lassen Sie die Blätter in einem Behälter oder in einer Wanne ohne Wasser verrotten, bis sich eine dicke Brühe bildet. Diese können Sie vor Gebrauch mit Wasser verdünnen.

Wenn der Beinwelltee zu stark riecht, lassen Sie die Blätter in einer Wanne oder in einem Eimer ohne Wasser verrotten. Sie werden zu einer dicken Brühe, die Sie nach Bedarf mit Wasser verdünnen können.

Kompost
Am nützlichsten für Gemüsesorten, die lange wachsen.

Gut verrotteter Stallmist
Ideal für Pflanzen, die viele Nährstoffe brauchen, etwa schwarze Johannisbeeren. Verhindert Sternrußtau an Rosen.

Stroh
Verrottetes Stroh um mehrjährige Pflanzen herum verteilen, aber nicht in den Boden bringen, da es Stickstoff raubt. Unter Erdbeeren und Kürbissen hält es die Früchte sauber.

Heu
Sehr nährstoffreich; isoliert kalten Boden. Auch um Bäume und Büsche herum verteilen.

Pilzkompost
Nicht für Säure liebende Pflanzen wie Rhododendron und Azalee geeignet.

Holzspäne und Rindenstücke
Nicht für Setzlinge geeignet.

Herbstlaub
Gut verrotten lassen, um Säure abzubauen. Ein hübscher Mulch für Blumenbeete.

MANCHE PFLANZEN WACHSEN AM BESTEN, WENN MAN SIE IN RUHE LÄSST, ANDERE BRAUCHEN UNTERSTÜTZUNG. WER SEINEN PFLANZEN HELFEN WILL, MUSS IHRE SIGNALE DEUTEN KÖNNEN.

Nährstoffbedarf

⟲ **Die allgemeine Regel lautet:** „Füttere den Boden, nicht die Pflanze." Nur solange Sie den Boden noch aufbauen, brauchen Pflanzen zusätzliche Nährstoffe.

HÖREN SIE AUF IHRE PFLANZEN

Viele Zeichen deuten darauf hin, dass einer Pflanze etwas fehlt – doch es müssen keine Nährstoffe sein. Wenn sie welkt, braucht sie Wasser. Schlaffe oder zusammengerollte Blätter deuten auf Schädlinge oder Krankheiten hin, und blüht eine Pflanze nicht, hat sie vielleicht zu viel Nahrung.

Ein ausgewogener Boden gibt der Pflanze alles, was sie braucht. Befolgen Sie also die alte Regel: „Füttere den Boden, nicht die Pflanze." Setzlinge brauchen nur gelegentlich Flüssigdünger und erwachsene Pflanzen nehmen zusätzliche Nährstoffe nur auf, wenn sie vor dem Blühen und vor der Fruchtbildung stark wachsen. Später wäre es falsch, Wurzeln oder Blätter zusätzlich zu stimulieren. Düngen Sie nie Pflanzen im Ruhezustand.

Milch tut Pflanzen gut. Früher spülten die Gärtner Milchkannen im Garten aus und die Pflanzen gediehen, wenn sie das mineralstoff- und vitaminreiche milchige Wasser bekamen. Tee ist für Säure liebende Pflanzen, wie Kamelien und Geranien (*Pelargonium* ssp.), geeignet, und seine Tanninsäure vertreibt Schädlinge und Krankheiten.

VOLKSGLAUBEN

Zusätzliche Nährstoffe machen Pflanzen nicht gesünder.
Wenn sie zu viel Stickstoff bekommen, bilden sie reichlich Blätter, aber keine Blüten und Früchte, weil sie stattdessen schneller und höher wachsen. Zudem sind sie anfälliger für Krankheiten und Schädlinge.

GERANIEN

AUSGEWOGENE NÄHRSTOFFVERSORGUNG

Die wichtigsten Bodenmineralien für Pflanzen sind Stickstoff, Kalium und Phosphor. Stickstoff fördert das Wachstum der Blätter und des Stiels, Phosphor die Wurzelbildung und Kalium die Bildung von Blüten und Früchten. Wenn Pflanzen dürr und kümmerlich aussehen und die Blätter gelblich oder rosa sind, brauchen sie vielleicht mehr Stickstoff. In diesem Fall wachsen sie meist in schlechten Böden oder in Gefäßen. Bespritzen Sie den Boden mit einem stickstoffreichen Dünger wie Soja- oder Blutmehl oder geben Sie ihm in der folgenden Saison Gründünger.

Wenn die Blätter von Obstbäumen oder Büschen an den Rändern braune Flecken haben und die Früchte verkümmern, sollten Sie ihnen einen kaliumreichen Dünger wie Grünsand geben. Wenn Pflanzen in einem Boden mit dem falschen pH-Wert wachsen, fehlt es ihnen an Kalium. Phosphormangel ist seltener und schwerer zu erkennen. Aber wenn Pflanzen langsam wachsen und die jungen Blätter gelblich sind, können Sie zusätzlich Phosphat oder Knochenmehl geben.

TIPP

In einem sehr nassen Sommer kann der Boden Magnesium und Eisen verlieren. Dann werden die Blätter zwischen den Adern gelb und fallen früh ab. Gießen Sie die Wurzeln oder Blätter mit Bittersalz (220 g auf 10 Liter Wasser), um Magnesiummangel zu beheben.

SONDERFÄLLE

Fensterkästen, hängende Körbe und andere Gefäße sind Sonderfälle, weil das Wurzelwachstum beschränkt ist und die Pflanzen nicht in lebendem, ausgewogenem Boden wachsen. Geben Sie ihnen regelmäßig flüssige Algen oder Komposttee (siehe S. 69). Mehrjährige Pflanzen brauchen im Winter und im Frühling Kompost. Phosphor ist nicht zu empfehlen, weil er das Wachstum der Wurzeln anregt.

Pflanzen in Gefäßen finden im Boden nicht alles, was sie brauchen. Geben Sie ihnen regelmäßig Flüssigdünger, aber keinen Beinwelltee, der das Wachstum anregt.

PFLANZEN BESTEHEN ZU RUND 90 PROZENT
AUS WASSER. DARUM SPIELT DAS WASSER
IM GARTEN EINE SO WICHTIGE ROLLE.

Gießen

„Wann und wie viel soll ich gießen?" Für unerfahrene Gärtner ist das eine schwierige Frage. Pflanzen, die in der Sonne wachsen, brauchen mehr Wasser als Schattenpflanzen; aber auch andere Faktoren sind wichtig. Manche Pflanzen wachsen schneller als andere und verbrauchen daher mehr Wasser. Kleine Pflanzen mit Wurzeln nahe der Oberfläche verlieren mehr Wasser als Pflanzen mit tiefen Wurzeln.

LANGSAMES GIESSEN

Pflanzenwurzeln müssen tief in den Boden eindringen, um Wasser und Nährstoffe zu absorbieren. Darum ist es besser, langsam und gründlich zu gießen. Wenn Sie nur rasch die Oberfläche bewässern, läuft die Hälfte des Wassers ab. Fördern Sie das Tiefenwachstum der Wurzeln, damit sie auch Trockenperioden verkraften. Setzlinge werden abends gegossen.

JUNGE SETZLINGE

SETZLINGE GIESSEN

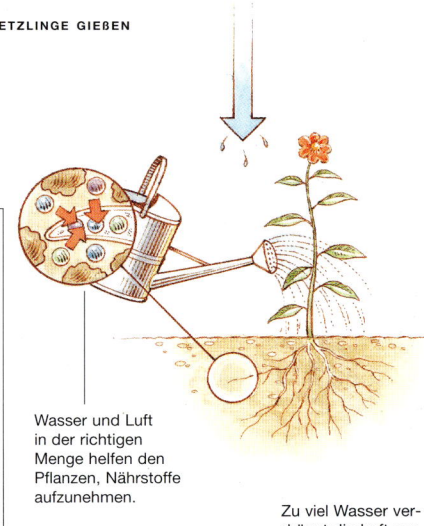

Wasser und Luft in der richtigen Menge helfen den Pflanzen, Nährstoffe aufzunehmen.

Zu viel Wasser verdrängt die Luft aus dem Boden und die Wurzeln können nicht arbeiten.

GEFÄSSE UND HÄNGENDE KÖRBE

Pflanzen in Gefäßen brauchen mehr Wasser als ihre Gefährten im Garten, weil sie weniger Wurzelwerk haben und die Gefäße schneller austrocknen. Mischen Sie Wasser speicherndes Gel oder Granulat in den Boden und gießen Sie Körbe im Hochsommer zweimal am Tag.

Legen Sie sechs bis zehn Eiswürfel auf den Boden, unter Blättern verborgen. So bewässern Sie Pflanzen in Gefäßen und hängenden Körben langsam.

FRÜH AM TAG GIESSEN

An heißen Sommertagen sehen Ihre Pflanzen vielleicht welk aus. Gießen Sie sie dennoch nicht im Sonnenschein. Die Hälfte des Wassers verdunstet und die Tropfen auf den Blättern wirken wie ein Brennglas. Am besten gießen Sie am frühen Morgen, wenn es am kühlsten ist. Dann können die Pflanzen das Wasser leichter aufnehmen. Gießen Sie nie abends, wenn Frost droht. Wenn der Boden überschüssiges Wasser nicht schluckt, kann es zu Eis werden und den Pflanzen schaden.

VOLKSGLAUBEN

Es gibt viele moderne Bewässerungssysteme, aber eine Gießkanne reicht fast immer aus.
Spritzen Sie nie mit einem Schlauch direkt auf den Boden – dieser verwandelt sich in Schlamm und wird von der Sonne gebacken.

TIPP

Solange Sie Ihren Garten noch nicht kennen, sollten Sie mehrmals täglich prüfen, ob die Pflanzen Wasser brauchen. Der Boden muss einen halben Zeigefinger tief feucht sein. Ist er trocken, gießen Sie behutsam etwa einen Liter pro Quadratmeter, wenn nötig alle paar Stunden. Bald brauchen Sie Ihre Pflanzen nur anzusehen, um zu wissen, wie viel Wasser sie benötigen.

GIESSKANNE

So prüfen Sie den Boden: Wenn er einen halben Zeigefinger tief trocken ist, gießen Sie behutsam.

Das richtige Wasser

REGENWASSER GILT ALS DIE GESÜNDESTE FLÜSSIGKEIT FÜR PFLANZEN. SIE KÖNNEN ABER AUCH LEITUNGSWASSER VERWENDEN ODER TRADITIONELLES RECYCLING BETREIBEN.

Als es noch kein fließendes Wasser gab, vergeudeten die Gärtner kein frisches Brunnenwasser im Garten. Sie fingen Regenwasser in Fässern und Wannen auf und gossen das Wasser, das zum Kochen, Waschen und Putzen benutzt worden war, in den Garten. Das ist auch heute noch sinnvoll; Sie müssen das Wasser jedoch richtig aufbewahren und verwenden.

MAGISCHES WASSER

Manche biodynamischen Gärtner laden ihr Wasser mit Energie auf. Sie rühren es mit einem Holzlöffel vierzigmal rechts und vierzigmal links um. Dann gießen sie einen Teil des Wassers in ein spiralförmiges Kuhhorn, vergraben das Horn und lassen es ein Jahr im Boden liegen. Wissenschaftler bestätigen, dass Wasser Energie aufnimmt, wenn es durch eine Spirale fließt; es reagiert dann besser auf andere Substanzen und fördert das Wachstum der Pflanzen noch mehr.

↑ **Gießen Sie Obstbäume und Büsche mit Schmutz- und Regenwasser. Schmutzwasser gehört aber nicht auf Pflanzen, die Sie essen.**

VOLKSGLAUBEN

Gartenbücher empfehlen mehrere Wochen altes Regenwasser zum Gießen.

Das ist zwar richtig, wenn das Leitungswasser viel Kalk enthält – doch abgestandenes Wasser kann gefährlich sein.

Decken Sie Wasserfässer zu, sonst bilden sich darin bei heißem Wetter unzählige Mikroorganismen, die Krankheiten verbreiten und Wurzeln daran hindern, die benötigten Nährstoffe aufzunehmen.

↑ **Decken Sie Wasserfässer immer zu, damit das Wasser frisch bleibt und Insekten nicht ihre Eier darin ablegen.**

TIPP

Wenn Sie kein Regenwasser haben, füllen Sie eine mit Leitungswasser und lassen Sie sie eine Stunde stehen, damit das Chlor vor dem Gießen verdunstet.

RHODODENDRON

RECYCELTES WASSER

Spül- und Badewasser eignet sich für die
meisten Bäume, Sträucher und Pflanzen, die
oder deren Früchte Sie nicht essen – sofern
sich keine Weichmacher darin befinden. Wenn
es Waschmittel und Seife enthält, müssen
diese biologisch abbaubar sein. Gießen Sie nie
mit Schmutzwasser, in dem Chemikalien oder
Bleichmittel enthalten sind; es schadet sowohl
dem Boden wie den Pflanzen und kann das
Trinkwasser verseuchen.

WASSER AUFBEWAHREN

Damit sich im Boden keine Bakterien entwickeln, sollten Sie
zwischendurch mit frischem Wasser gießen. Das Wasser aus
dem Spültisch lassen Sie durch ein Sieb laufen, um Speisereste
abzufangen. Natürliches Fett schadet den Pflanzen nicht, Rosen
mögen es sogar. Sammeln Sie Schmutzwasser in einem Behälter mit Deckel (eine alte Mülltonne ist ideal) und verbrauchen
Sie es innerhalb von 48 Stunden, sonst stinkt es und lockt
Insekten und Keime an. In manchen Gemeinden ist die
Verwendung von Schmutzwasser im Garten verboten.

DIE SOMMER WERDEN HEISSER
UND DIE WINTER TROCKENER.
DARUM SOLLTEN ALLE GÄRTNER
SPARSAM MIT WASSER UMGEHEN.

Wasser sparen

TIPP

Sickerschläuche sind am wirksamsten, wenn sie kurz sind und das Beet schräg unterhalb des Wasserhahns liegt. Führt es schräg nach oben, muss die Wasserquelle sich möglichst nahe am Beet befinden.

Da die Gärtner früher kein fließendes Wasser hatten, war Wasser für sie kostbar. Sie wussten, wie man mit dem Boden umgeht und wann Erntepflanzen reif sind; deshalb deckten sie den Boden meist ab, damit kein Wasser verdunstete. Heute haben wir zwar Leitungen, doch in einem heißen Sommer kann das Wasser knapp werden. Auch wenn Sie einige Zeit verreisen, müssen Sie erfinderisch sein.

WASSERSCHLÄUCHE

Im Handel sind verschiedene Geräte erhältlich, die Wasser speichern – Sie können jedoch auch selbst einen „Sickerschlauch" herstellen, vor allem für Gemüsebeete und mehrjährige Pflanzen. Stechen Sie mit einer Stecknadel Löcher in einen Schlauch und legen Sie ihn zwischen die Pflanzen. Ein Ende schließen Sie an den leicht geöffneten Wasserhahn oder eine andere Wasserquelle mit niedrigem Druck an.

VOLKSGLAUBEN

Kürbisse sind sehr durstig, doch früher wurden sie nie gegossen. Man baute sie gleich neben dem Komposthaufen an und sie holten sich selbst das Wasser und die Nährstoffe, die sie brauchten.

KÜRBIS

Mulchen Sie Obstbäume im Frühling mit halb verrottetem Stroh, Kompost oder strohhaltigem Stallmist.

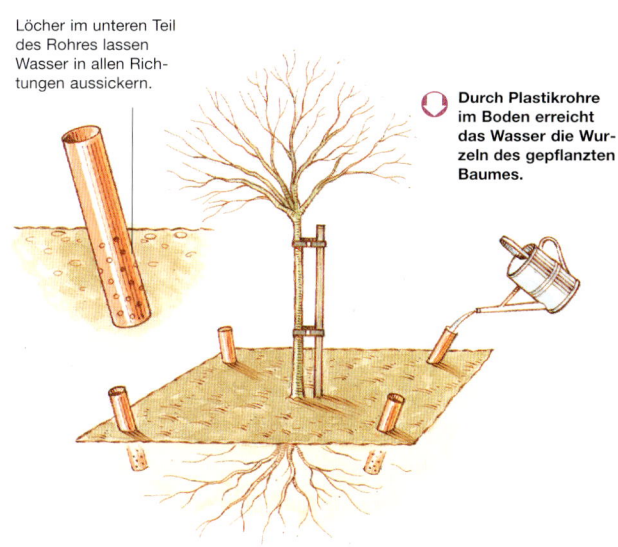

Löcher im unteren Teil des Rohres lassen Wasser in allen Richtungen aussickern.

Durch Plastikrohre im Boden erreicht das Wasser die Wurzeln des gepflanzten Baumes.

DIE WURZELN ERREICHEN

Bäume brauchen viel Wasser. Damit das Wasser die Wurzeln erreicht, schlagen Sie nach dem Pflanzen eines jungen Baumes vier 60 cm lange Plastikrohre mit je 5 bis 10 cm Durchmesser in den Boden, etwa 1 m vom Stamm entfernt. Die Rohre sollten jeweils 10 cm aus dem Boden ragen. Bei trockenem Wetter gießen Sie jede Woche Wasser in die Rohre, bis sie gefüllt sind. Das Wasser sickert dann langsam ins Wurzelwerk. Im dritten Sommer können Sie die Rohre entfernen.

WENN SIE VERREISEN

Wenn Sie außer Haus sind und kein Nachbar sich um Ihre Pflanzen kümmern kann, sollten Sie die Pflanzen gießen, gut mulchen und mit Stroh isolieren. Pflanzgefäße stellen Sie in den Schatten und in Eimer oder Schalen mit flachem Wasser.

Plastikflaschen (2 Liter) eignen sich gut für die Bewässerung. Stellen Sie sie gefüllt in den Beeten und Töpfen auf den Kopf, das Wasser fließt dann langsam ab. Sie können auch das Abflussloch eines Blumentopfes abdichten, den Topf mit Wasser füllen und ihn dann in ein Beet versenken. Da er porös ist, sickert das Wasser allmählich in den Boden (aufgrund Oberflächenspannung und Osmose). Untertassen aus Terrakotta sind ebenfalls geeignet – und zudem gute Vogelbäder.

TIPP

Pflanzen Sie Bodendecker als lebenden Mulch, der die Erde feucht hält.

DIE RICHTIGEN PFLANZENARTEN

In allen Gärten einer bestimmten Region wuchsen früher ähnliche Pflanzen – nicht weil es den Gärtnern an Fantasie fehlte, sondern weil sie wussten, was bei ihnen am besten gedieh. Sie probierten ihre Kunst zwar an einer oder zwei speziellen Pflanzen aus, aber sonst bauten sie an, was zum Boden passte. Folgen Sie diesem Beispiel und pflanzen Sie Arten, die viel Feuchtigkeit brauchen, nicht an heiße, trockene Stellen. Wenn Ihr Garten trocken ist, sollten Sie Pflanzen aus dem Mittelmeerraum oder aus dieser Region bevorzugen. Die Auswahl ist groß genug und Sie haben mehr Freude am Garten, wenn Sie nicht ständig gegen die Natur kämpfen.

Auch Pflanzen – wie „Bodendecker" – können verhindern, dass die Erde austrocknet.

MANCHMAL BRAUCHEN PFLANZEN HILFE, UM TROCKE-
NEN WIND, SENGENDE SONNE ODER GRIMMIGE KÄLTE ZU
ÜBERSTEHEN. LEGEN SIE IHREN GARTEN SO AN, DASS
PFLANZEN IHRE JEWEILIGEN NACHBARN SCHÜTZEN.

Pflanzen schützen

Wenn Sie in einem heißen Garten Salat pflanzen wollen, schützen Sie ihn mit Wärme liebendem Mais. Oder Sie pflanzen Sonnenblumen und lassen Gurken an ihnen hochklettern. Knollen-
pflanzen, die im Frühling blühen, setzen Sie unter Bäumen, weil
der Boden dort nicht zu nass ist.

Ist Ihr Garten trocken und windig, säen und pflanzen Sie in Grä-
ben, damit Wasser aus dem Boden hineinläuft. Die Setzlinge
sind dann auch vor dem Wind geschützt. Hecken sind ebenfalls
ein guter Schutz, ebenso Zäunchen
aus geflochtenen Weidenruten.

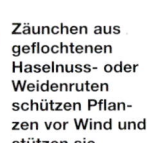 **Zäunchen aus
geflochtenen
Haselnuss- oder
Weidenruten
schützen Pflan-
zen vor Wind und
stützen sie.**

VOLKSGLAUBEN

Kürbisse, Mais und Bohnen sind uralte
Kulturpflanzen, die oft „die drei Schwes-
tern" genannt werden.

Das ist ein passender Ausdruck, denn
sie unterstützen einander: Bohnen binden
Stickstoff im Boden und klettern an den
Maisstangen hinauf, und die großen
Blätter der Kürbisse halten den Boden
kühl und feucht.

Zudem versorgen die drei den Menschen
mit ausgewogener Nahrung.

SCHUTZ IM WINTER

In kalten Gegenden bringen Sie empfindliche immergrüne
Pflanzen während des Winters ins Haus, sonst sterben die
Blätter ab und die Wurzeln einiger mehrjähriger Pflanzen
verfaulen, weil sie gefrieren und wieder auftauen. Französischer
Lavendel (Lavandula stoechas) und Myrte (Myrtus communis)
können, wenn der Winter nicht zu streng ist, draußen bleiben –
sofern sie geschützt sind. Bedecken Sie sie mit Stroh und
umwickeln Sie sie mit Sackleinen, und zwar so fest, dass der
Stoff nicht weggeblasen wird. Sie können auch 10 cm hoch
Stroh um sie herum anhäufen.

FRANZÖSISCHER LAVENDEL

VOLKSGLAUBEN

Mulch aus kompostierter Holzasche ist ein altes Mittel gegen Frostschäden. Er enthält viel Kalium und Natrium, die den Gefrierpunkt des Pflanzensaftes senken. Dennoch sollten Sie Asche meiden, weil sie das Mineralgleichgewicht stört. Wenn Sie im Herbst gut mit Kompost mulchen, bekommen die Pflanzen ebenfalls die schützenden Mineralien.

TIPP

- Wenn Frost droht, besprühen Sie die Pflanzen am Abend mit kaltem Wasser. Wenn es verdunstet, entsteht Wärme, die vor Frost schützt.

- Schaumstoffstücke fördern die Entwässerung in Pflanzgefäßen, vor allem wenn diese in Dach- oder Balkongärten nicht zu schwer sein dürfen.

SCHAUMSTOFFSTÜCKE

VOLKSGLAUBEN

Früher entfachten die Gärtner kleine Feuer, um Frostschäden zu verhindern.

In einem Text aus dem 16. Jahrhundert heißt es: „Um nahenden Frost abzuwehren, verbrennt der sorgsame Gärtner an vielen Stellen Häcksel oder trockenes Unkraut aus dem Garten und vom Feld sowie große Disteln oder Abfälle."

Noch besser ist es, wenn er Unkraut kompostiert und als Mulch verwendet.

MODERNER SCHUTZ

Verpackungsmaterial ist für sparsame Gärtner ein Segen. Schützen Sie Zierbäume wie Lorbeer *(Laurus nobilis)* oder Feigenbäume im Winter mit Luftpolsterfolie oder verkleiden Sie damit die Fenster des Gewächshauses. Versuchen Sie nicht, Pflanzen vom Schnee zu befreien – er ist ein guter Schutz. Schütteln Sie ihn aber von den Bäumen ab, damit die Äste nicht brechen.

SCHÜTZENDER VORHANG

1. Schritt
Befestigen Sie im Herbst an der Wetterseite Stangen mit 2,5 cm Durchmesser über Spalierbäumen und Kletterpflanzen. Hängen Sie daran einen Plastikvorhang mit Schlaufen aus Zwirn.

2. Schritt
Abends ziehen Sie den Vorhang vor die Pflanze und beschweren ihn unten mit Steinen. So schützen Sie die Pflanze vor Frost.

HILFE FÜR SETZLINGE

Verschaffen Sie frisch gepflanzten Setzlingen einige Tage lang Schatten. Große Blätter, etwa Rhabarber oder Adlerfarn, sind zwar schattig, locken aber Schnecken an. Kisten, Kartons oder Blumentöpfe sind daher besser geeignet. Auf dem Land wurden früher einige Tage lang Heckenzweige über die Pflanzgräben gelegt. Um junge Pflanzen vor Schädlingen zu schützen, decken Sie sie mit durchgeschnittenen Plastikflaschen oder Maschendraht zu.

Wasserflaschen aus Plastik schützen Setzlinge. An sehr heißen Tagen müssen sie jedoch entfernt werden.

DIE MEISTEN PFLANZEN
MÜSSEN GELEGENTLICH
GESTUTZT WERDEN,
DAMIT SIE STARK UND
GESUND BLEIBEN.
AUCH DAS MÄHEN IST
EINE ART STUTZEN.

Stutzen

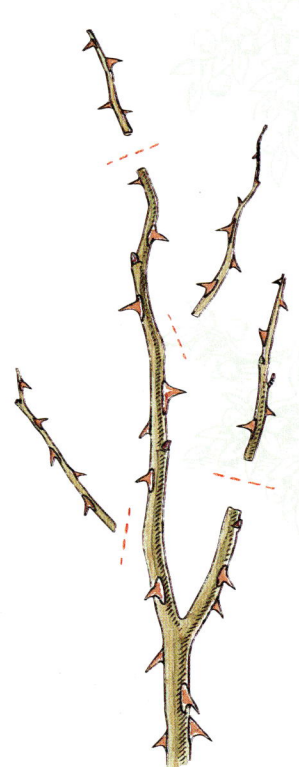

Das Wichtigste sind saubere Schnitte mit scharfen Zangen.

TIPP

Die Mitte eines Rosen-
busches bleibt offen,
damit Luft zirkulieren kann
und keine Pilze wachsen.

Immergrüne Pflanzen
sollten dagegen solide
gewachsen sein.

Traditionell werden Rosen
im Oktober bei zuneh-
mendem Mond geschnit-
ten, damit sie vor dem
Winter kräftig werden.

Immergrüne Pflanzen mit kleinen Blättern, etwa Buchs-
baum und Eibe, eignen sich für Zierschnitte. Tiergestalten
und geometrische Formen bereiten keine Mühe.

STUTZEN MACHT STARK

Ein nicht gestutzter Obstbaum trägt weniger Früchte. Nicht
gestutzte Rosen werden holzig und haben weniger Blüten.
Nicht gestutzte Büsche und Bäume sind oft anfälliger für Schäd-
linge. Leider halten viele Leute das Zurückschneiden für ein
Mysterium, was vielleicht an seltsamen alten Ratschlägen liegt.
In einem Buch aus dem 17. Jahrhundert steht: „Stutze den
Wipfel und die Wurzeln jedes Baumes." In Wirklichkeit schnei-
det man alte Äste ab, um jungen Platz zu machen.

Die meisten Bäume, die im Sommer blühen, werden im Winter
gestutzt. Wenn sie früher blühen, schneidet man sie nach der
Blüte zurück. Das rät auch ein alter Spruch: „Das Laub ist
gefallen, der Frost nicht mehr fern; schneid Apfel- und Birn-
baum, jetzt haben sie's gern. Sind Blätter da und Früchte noch
weit, schneid den Pflaumenbaum, denn jetzt ist es Zeit."

VOLKSGLAUBEN

Schon früh merkten die Gärtner, dass gestutzte Bäume mehr Früchte tragen.

Um die Bäume nicht zu „beleidigen" und
Platz für die Vögel zu lassen, schnitt man
sie jedoch behutsam zurück.

HECKENSCHERE

SPALIER

KORDON

🔴 Kordon- und Spalierobst-
bäume können an Mauern
wachsen oder Zäune
ersetzen. Unerwünschte
Triebe stutzen Sie jedes
Jahr, wenn die Bäume im
Ruhezustand sind. Nur
Pflaumenbäume werden
nach der Blüte getrimmt.

IN FORM BLEIBEN

„Gut getrimmt im Topf ist Basilikum fein und
kann der Arzt deiner Herrschaft sein."

Viele Pflanzen schießen hoch, wenn sie nicht
gestutzt werden. Trimmen Sie alle Kräuter im
Sommer, damit sie länger halten, bevor sie
blühen und Samen bilden.

Damit grünes Blattgemüse bei warmem Wetter
nicht hochschießt, können die Wurzeln leicht
gestutzt werden. Stechen Sie etwa 24 cm vom
Stiel entfernt mit dem Spaten in den Boden,
um das Wachstum zu hemmen.

TRIMMSCHERE

BASILIKUM

TIPP

Setzen Sie abgeschnittene
Erlen-, Haselnuss- und
Weidenäste in einen Gra-
ben mit Erde und Kompost
– und sie wachsen!
Stutzen Sie die Bäum-
chen jedes Jahr gründlich,
damit sie buschiger wer-
den, oder flechten Sie
aus den Zweigen ein le-
bendes Gitterwerk.

RASENPFLEGE

Die ersten „Rasen" waren Blumenwiesen, wahrscheinlich in Obstgärten, in denen
Ritter und ihre Damen Feste feierten. Lange bevor es Mäher gab, rupfte man das
Gras einfach ab und setzte bei Bedarf neue Soden ein.

In einem Gartenalmanach aus dem 19. Jahrhundert wird empfohlen, spätestes
dann zu mähen, wenn aus dem Gras eine Wiese geworden ist. Wenn Sie nicht
zu viel Zeit mit Mähen verlieren wollen, machen Sie sich bei abnehmendem
Mond an die Arbeit. Nach altem Volksglauben wächst das Gras dann ungewöhn-
lich langsam.

Besondere Maßnahmen

TRADITIONELLE GÄRTNER WUSSTEN, WIE MAN AUS EINEM GARTEN DAS BESTE HERAUS- HOLT – AUCH UM EINDRUCK ZU MACHEN. MANCHE IHRER RATSCHLÄGE SIND JEDOCH VERALTET.

VOLKSGLAUBEN

Bäume zu peitschen, damit sie Früchte trugen, war ein alter Brauch. Manchmal ist die Rinde eines Baumes sehr fest, sodass der Nähr- stofftransport im Kambium behindert wird. Wird die Rinde weicher gemacht oder zer- brochen, muss sie um den Riss herumwach- sen – dabei entsteht lockere Rinde, die mehr Nährstoffe befördert. In einigen Gegenden drohte man Apfelbäumen: „Ich schneid dir den Hals ab, wenn du keine Äpfel trägst!" Oft ge- dieh der Baum besser, wenn mit dem Messer Einschnitte in die Rinde gemacht wurden.

TIPP

Bei Hortensien hängt die Farbe vom Boden ab. Rosa Hortensien werden blau, wenn man einige rostige Nägel im Boden vergräbt.

LUPINEN

REISE-KNOW-HOW

Ab dem 17. Jahrhundert brachten Reisende exotische Blumen in vielen Formen und Farben mit – und es entstanden Theorien, wie das Aussehen der heimischen Pflanzen geändert werden könnte. Man glaubte, eine Schlüsselblume werde zur Erdschlüsselblume, wenn man sie umgekehrt einpflanzte. Und goss man sie mit Ochsenblut, sollte sie rot werden. Rote Rosen wurden neben Apfelbäume ge- pflanzt, um rote Äpfel zu bekommen. Um Pflanzen zu verdoppeln, wurde den Gärtnern geraten, sie auszugraben und mit ihnen um ein Feld zu gehen oder sie vor dem neuerlichen Einpflanzen in einer Schubkarre herumzufahren. Nelken säte man am Karfreitag und hoffte, dass sie doppelt wuchsen.

AFRIKANISCHE GÄNSEBLÜMCHEN

SCHNURGERADE

Um völlig gerade Gurken zu ernten, schneiden Sie durchsichtige Kunststoffrohre in mehrere Stücke von Gurkenlänge und bohren an einem Ende in beide Seiten des Rohres zwei Löcher. Ziehen Sie Zwirn durch die Löcher und hängen Sie die Rohre unter kleine Gurken, sodass diese ins Rohr hineinwachsen.

Für gerade Möhren brauchen Sie leichten Boden ohne Steine. Bohren Sie mit einem Besenstiel große Löcher in ein Beet, füllen Sie die Löcher mit einer Mischung aus Boden, Torf, spitzen Sandkörnern und Knochenmehl und stampfen Sie die Füllung ein wenig fest. Säen Sie zwei Samen in jedes Loch und reißen Sie eine Pflanze heraus, sobald die Sämlinge kräftig wachsen. Oder füllen Sie alte Fasshälften mit gesiebtem Sand, Boden und Knochenmehl und säen Sie Möhren oder Pastinaken aus.

GERADE GURKE

DIE ZWEITE BLÜTE

Viele mehrjährige Pflanzen, wie Lupinen und Rittersporn (Delphinium ssp.), können in einem Sommer zweimal blühen. Sobald sie geblüht haben, werden die Blütenstiele gestutzt, sodass sie nur noch 15 cm hoch sind. Dann probieren sie es ein zweites Mal.

Wenn Sie welke Blütenköpfe regelmäßig abschneiden, blühen Ihre Blumen ebenfalls länger, vor allem Setzlinge, Rosen, Studentenblumen, Kornblumen (Cyanus ssp.) und die meisten Gänseblümchen.

TIPP

• Bohnen wachsen besser, wenn man die Blätter entfernt, sobald sie schlaff werden, und die Pflanzen mit Komposttee düngt (siehe S. 69).

• Entfernen Sie einige Blätter neben den reifenden Früchten, damit Tomaten rot werden.

• Teerosen duften stärker, wenn sie mit stark verdünntem Tee gedüngt werden.

VOLKSGLAUBEN

Früher gossen die Gärtner Kohlköpfe mit Bier, damit sie größer wurden. Gegorener Hopfen sollte die gleiche Wirkung wie sehr aktiver Kompost haben. Verwenden Sie aber kein Bier mit Chemikalien.
Kürbisse gießen Sie mit verdünnter Milch, damit sie groß und fleischig werden.
Die meisten Pflanzen profitieren von eiweißreicher Milch als Dünger.

Wenn Ihr Boden steinig ist, Sie aber völlig gerade Möhren oder Pastinaken ernten wollen, ziehen Sie die Pflanzen in einer Fasshälfte oder Wanne mit grobkörniger Erde und Sand.

DIE ERNTEZEIT IST TRADITIONELL EINE ZEIT DER FESTE –
WIR FREUEN UNS ÜBER DEN LOHN UNSERER ARBEIT.
BEWÄHRTE METHODEN HELFEN IHNEN, DAS BESTE AUS
DER ERNTE ZU MACHEN.

Ernten

KNOBLAUCH

VOLKSGLAUBEN

Auf dem Land wurden früher Kisten aus
Holzlatten mit Brennnessel- oder Walnussblättern ausgekleidet, um Obst und Gemüse
aufzubewahren.
Das Öl der Blätter hemmt den Verfall.
Gemüse, das neben Fingerhut wuchs, hält
ebenfalls besser.

TROCKENRAHMEN

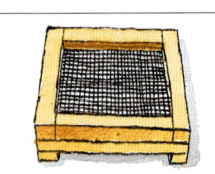

1. Schritt
Setzen Sie aus 45 cm langen
Balken zwei Quadrate zusam-
men.

2. Schritt
Bespannen Sie das untere
Quadrat mit feinem
Maschendraht, dickem
Musselin oder Baumwolle.

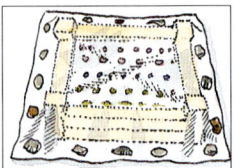

3. Schritt
Legen Sie ein Tuch oder
Packpapier über die
Rahmen, damit die Früchte
nicht beschädigt werden.

TIPP

Lagern Sie Obst auf Rah-
men, die mit Baumwolle,
Musselin oder Maschen-
draht bedeckt sind. Auf
den Draht legen Sie Papier.

OBST

Alle warten gespannt auf die Obsternte. Aber
woher wissen wir, wann harte Früchte reif sind?
„Wenn die Wespen fliegen, ernte Pflaumen",
so lautet ein guter Rat. Wespen werden vom
Zucker der reifen Pflaumen angelockt. Bei
Äpfeln und Birnen legen Sie die Hand unter die
Frucht, heben sie ein wenig hoch und drehen
sie. Ist sie reif, löst sie sich leicht.

Pfirsiche und Aprikosen ernten Sie, sobald die
Haut mit Flaum bedeckt ist. Tragen Sie dabei
Baumwollhandschuhe, um die Früchte nicht zu
beschädigen. Feigen sind reif, wenn sich im
„Auge" (am Stiel) eine „Träne" (aus Saft) bildet.

VOLKSGLAUBEN

Nach dem Michaelstag (29. September)
soll man Brombeeren nicht mehr pflücken,
weil der Teufel darauf gespuckt hat.

Als der Satan vom Himmel stürzte, fiel er
nämlich in einen Brombeerbusch.

Wie dem auch sei – ab Anfang Oktober
sind Brombeeren nur noch für Vögel gut.

OBST LAGERN

Lagern Sie nur gesunde, unbeschädigte Früchte. Pflücken Sie Äpfel und Birnen
kurz vor der Reife. Drehen Sie sie vom Ast ab und legen Sie sie einzeln in Kisten.
Nach einigen Wochen wickeln Sie jede Frucht in Seidenpapier oder Zeitungspapier
und bewahren sie in einem kühlen, trockenen Raum auf. Die Früchte dürfen
einander nicht berühren. Das gilt aber nur für spät reifendes Obst. Das früh reifen-
de sollte gegessen, eingemacht oder eingefroren werden. Wenn der Platz knapp
ist, schneiden Sie die Früchte in Ringe und trocknen sie im Backofen bei 100 °C.

GEMÜSE

Zwiebeln und Knoblauch werden traditionell geflochten und in einen
luftigen Schuppen gehängt. Damit sie nicht austreiben, wird das
Wurzelende einige Sekunden über eine Flamme gehalten. Sie können sie auch in alte Nylonstrümpfe stopfen und in einen trockenen
Schuppen oder in die Garage hängen. Wurzelgemüse werden über
den Winter in einem kühlen, trockenen Raum aufbewahrt. Die Blätter
von Möhren, Rüben und Pastinaken sollten Sie nicht abschneiden,
sondern abdrehen. Gelagert werden die Wurzeln in Sand oder
trockenem Torf in alten galvanisierten Röhren oder Holzkisten.

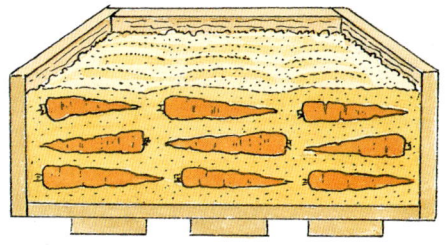

Möhren werden in mit Sand gefüllte Holzkisten
gelegt und an einem kühlen, dunklen Ort gelagert.

BIRNE

Kürbisse sind ein wichtiger Bestandteil von Kuchen
und Suppen. An Halloween (31. Oktober) haben
Kinder noch eine andere Verwendung für sie.

KAPITEL 5

FREUNDE UND FEINDE

WIR HABEN UNSERE GÄRTEN IMMER MIT ANDEREN LEBEWESEN GETEILT. WENN SIE UNS GELEGENTLICH EINE PFLANZE STEHLEN, STÖRT UNS DAS NICHT ALLZUSEHR, DOCH WENN ZU VIELE GESCHÖPFE OHNE EINLADUNG UNSEREN GARTEN BEVÖLKERN, MÜSSEN WIR HANDELN. GREIFEN SIE ABER NICHT ZU SCHNELL ZU CHEMIKALIEN – SIE VERNICHTEN ZWAR SCHÄDLINGE UND BESEITIGEN KRANKHEITEN, SIE SCHADEN JEDOCH AUCH VIELEN NÜTZLICHEN ORGANISMEN UND STÖREN DAS NATÜRLICHE GLEICHGEWICHT.

ES IST KEINE ÜBERRASCHUNG, DASS EINIGE ALTE METHODEN, UNWILLKOMMENE GARTENBE-SUCHER IN SCHACH ZU HALTEN, HEUTE NOCH DIE BESTEN SIND – ÜBRIGENS MACHT EIN GARTEN MIT SUMMENDEN, FREUNDLICHEN INSEKTEN UND ZWITSCHERNDEN VÖGELN VIEL MEHR SPASS.

WIR GÄRTNER HABEN SCHON IMMER ÜBER
SCHÄDLINGE GEKLAGT. MANCHE INSEKTEN
SIND JEDOCH WILLKOMMEN – WIR LOCKEN
SIE SOGAR AN. LERNEN AUCH SIE IHRE
INSEKTENFREUNDE KENNEN.

Nützliche Insekten

RAUBINSEKTEN

Nur ganz wenige Insekten sind echte Schädlinge. Einige sind Bestäuber, andere fressen Abfälle oder sind Nahrung für Vögel und Fische. Viele sind Raubtiere, die Schädlinge fressen – diese Tiger der Insektenwelt sollten Sie kennen.

Marienkäfer sind Freunde im Garten, denn sie fressen Blattläuse und andere Schädlinge.

TIPP

- Dill, Petersilie, Pastinake, Melisse und Thymian sind mit ihren kleinen Blüten Nahrung für winzige Raubinsekten, die im Nektar großer Blüten ertrinken würden. Gänseblümchen, Igelkopf *(Echinacea* ssp.) und Schafgarben sind gute Pollenlieferanten. Einjährige Pflanzen wie Schleifenblume *(Iberis* ssp.), Studentenblume und Salbei sind ebenfalls verlockend.

- Überlassen Sie Nützlingen einige Bereiche des Gartens und setzen Sie für sie mehrjährige Pflanzen zwischen die einjährigen.

KÄFER

Blattläuse gehören zu den ärgerlichsten Schädlingen; aber sie sind auch Futter für viele andere Insekten. Marienkäfer sind bekannte Blattlausfresser und Hunderte anderer Käfer vertilgen ebenfalls Läuse und andere kleine Schädlinge. Manche haben graue oder gelbe Flügeldecken mit schwarzen Flecken, andere sind winzig und völlig schwarz. Große, glänzende schwarze Laufkäfer fressen Schneckeneier, Larven und Puppen im Boden. Die schlanken, schnellen Kurzflügelkäfer sehen wie Ohrwürmer ohne Zangen aus. Sie ernähren sich von Maden, Insekteneiern und Larven.

Wespen sind nützlich. Sie töten Hunderte von Fliegen, um ihren Nachwuchs zu füttern.

TIPP

Geben Sie Insekten Wasser, in dem sie nicht ertrinken. Füllen Sie eine Wasserschale mit Steinen oder machen Sie aus einer Holzscheibe eine treibende Insel.

FLIEGEN UND WANZEN

Nicht alle Fliegen sind lästig. Zu den nützlichen Fliegen gehören die winzigen, zarten Zuckmücken und die gelb-schwarz oder schwarzweiß gestreiften Schwebfliegen. Beide vertilgen Tausende von Blattläusen. Florfliegen haben große Flügel mit feinen Adern. Ihre Larven ernähren sich von Läusen, Blattspinnmilben, Blasenfüßern, Zikaden, kleinen Raupen und Insekteneiern. Auch Mordwanzen und andere Wanzen fressen sehr viele Schadinsekten.

WESPEN

Gewöhnliche Gartenwespen sind tüchtige Räuber. Sie bringen pro Stunde mehr als 200 Fliegen in ihr Nest, um die Jungtiere zu füttern, und sie vernichten auch Raupen. Andere willkommene Wespen, etwa die Schlupfwespen, stechen nicht und legen ihre Eier in Raupen, Läuse und schädliche Käfer.

NÜTZLINGE ANLOCKEN

Pollen- und Nektarpflanzen locken nützliche Insekten in den Garten. Die erwachsenen Fliegen, Mücken und Wespen brauchen Nektar als Energiequelle, während Marienkäfer, Florfliegen und Raubwanzen Pollen fressen, wenn die Beute knapp wird. Wenn sie erst einmal im Garten sind, legen sie dort auch ihre Eier ab.

Halten Sie einige nektarreiche Pflanzen im Garten, um Nützlinge anzulocken:

DILL

Schafgarbe
Studentenblume
Buchweizen
  (*Fagopyrum esculentum*)
Fingerkraut
  (*Potentilla* ssp.)
Kosmee
  (*Cosmos* ssp.)
Dill
  (*Anethum graveolens*)
Fenchel
  (*Foeniculum vulgare*)
Melde
  (*Atriplex canescens*)
Mohnmalve
  (*Callirhoe involucrata*)
Strandsilberkraut
  (*Lobularia maritima*)
Echter Ziest
  (*Stachys officinalis*)
Zinnie
  (*Zinnia* ssp.)

ZINNIE

MANCHMAL SIND INSEKTEN EINE ECHTE PLAGE IM GARTEN. ZUM GLÜCK GIBT ES VIELE UNSCHÄDLICHE METHODEN, SIE IN SCHACH ZU HALTEN.

Insekten

Jeder Gärtner freut sich auf neue Blüten, doch Blattläuse freuen sich ebenfalls. Wenn keine Marienkäfer die Läuse vertilgen, helfen manchmal Knoblauchpulver oder Knoblauchspray. Magnesiumreiche Bananenschalen auf dem Boden vertreiben bisweilen Blattläuse von Rosen. Auch das Öl des Zitronengrases *(Cymbopogon citratus)* schreckt Läuse ab.

DER UMGANG MIT AMEISEN

Ameisen sind lästig, vor allem weil sie Blattläuse „züchten". Die traditionelle Lösung besteht darin, kochendes Wasser in ihr Nest zu schütten. Noch wirksamer ist diese Methode, wenn Sie dem Wasser einige Tropfen Chilisoße beifügen.

DIE MÖHRENFLIEGE

Die Möhrenfliege ist in manchen Gärten ein hartnäckiger Schädling. Da sie die Möhren riechen kann, sollten Sie beim Aussäen getrocknete aromatische Kräuter oder Knoblauch ins Beet streuen oder nebenan Petersilie oder Zwiebeln pflanzen. Sie können das Möhrenbeet auch eine Zeit lang mit grobem Stoff zudecken.

VOLKSGLAUBEN

Am besten ist es, wenn Insekten erst gar keinen Gefallen an Ihren Pflanzen finden. Schon früher pflanzte man Knoblauch neben Rosenbüsche. Er versorgt den Boden mit Schwefel, anderen Mineralien und Enzymen, und die Rose nimmt diese Nährstoffe auf und ist dann besser vor Insekten und Sternrußtau geschützt. Auch andere Mitglieder der Lauchfamilie sind hilfreich, und Schnittlauch sieht unter Rosen sogar hübsch aus.

KNOBLAUCH

TIPP

Lassen Sie, wenn möglich, ein Ameisennest im Garten. Fs kann Spechte und andere nützliche Raubtiere anlocken. Ameisen sind ihr Leibgericht.

ROSENBUSCH

DER ERDFLOH

Dieser kleine fliegende Käfer tut sich an jungem Kohl gütlich, den er von weitem
riecht. Vertreiben Sie ihn mit einem Mulch aus Holunderblättern und -blüten
(*Sambucus* ssp.) oder pflanzen Sie neben dem Kohl stark riechende Kräuter wie
Wermut (*Artemisia absinthium*) an. Decken Sie die Setzlinge mit grobem Tuch zu
oder lassen Sie die Jungpflanzen bis zur Sommermitte im Haus – dann sind die
Erdflöhe verschwunden.

WEINBOHRER

Weinbohrer sind schlimme Schädlinge, vor allem die Larven. Sie hausen be-
sonders gerne in Topfpflanzen und fressen deren Wurzeln ab. Erst wenn die
Pflanze abgestorben ist, erfahren Sie den Grund. Zum Glück gibt es parasitäre
Fadenwürmer zu kaufen, die Weinbohrer vertilgen.

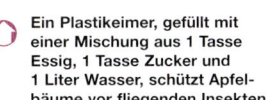

 Ein Plastikeimer, gefüllt mit
einer Mischung aus 1 Tasse
Essig, 1 Tasse Zucker und
1 Liter Wasser, schützt Apfelbäume vor fliegenden Insekten.

MANCHMAL IST VORBEUGEN NICHT GENUG UND SIE MÜSSEN SCHÄDLINGE GEZIELT BEKÄMPFEN. VERSUCHEN SIE ES IN SOLCHEN FÄLLEN MIT NATÜRLICHEN SEIFEN UND SPRAYS.

Insekten bekämpfen

VOLKSGLAUBEN

Da Drahtwürmer Kartoffeln befallen, raten alte Gartenbücher, die Larven mit Kartoffelschalen zu fangen.

Sie bohren Löcher in eine Dose, füllen sie mit Kartoffelschalen und vergraben sie.

Leeren Sie die Dose einmal in der Woche und ersetzen Sie bei Bedarf die Schalen.

DRAHTWURM-FALLE

ABSCHRECKEN UND ANLOCKEN

Manche Pflanzen schrecken Schädlinge ab. Früher hätte kein Gärtner Kohl oder Möhren ohne Salbei oder Thymian in der Nähe angebaut. Die Möhrenfliege und andere Insekten riechen ihr Futter und stark duftende Kräuter verwirren sie. Katzenminze *(Nepeta cataria)*, Rainfarn *(Tanacetum vulgare)* und Studentenblume vertreiben Gurkenkäfer. Stechmücken verabscheuen Eukalyptus *(Eucalyptu ssp.)*, Duftpelargonie *(Pelargonium limoneum)*, Rosmarin *(Rosmarinus officinalis)* und Minze. Andere Pflanzen sind für Insekten unwiderstehlich, darum lockte man mit ihnen die Tierchen vom Gemüse weg. Blattläuse mögen zum Beispiel Kapuzinerkresse und Saudistel *(Sonchus ssp.)*.

Moderne Gärtner betören Schädlinge mit sexuellen Duftstoffen. Weibchen locken Männchen mit Pheromonen an und Wissenschaftler haben synthetische Substanzen entwickelt, die ahnungslose Männchen in Fallen locken. Mit Pheromonen können Sie viele Schädlinge in Schach halten, darunter Japankäfer, Taufliegen, Große Schwammspinner, Apfelwickler und Maiszünslerraupen.

Achten Sie auf Drahtwürmer, wenn Sie einen Teil des Gartens bepflanzen wollen, auf dem Gras wächst. Diese Larven des Schnellkäfers fressen Wurzeln und es dauert 3 bis 5 Jahre, bis sie endlich verschwinden.

KAPUZINERKRESSE

Blattläuse werden von den Blättern gestreift und zwischen Daumen und kleinem Finger zerdrückt oder mit Seifenwasser besprüht.

RAUPE DES KOHLWEISSLINGS

INSEKTENSPRAYS

Als es noch keine Insektizide gab, benutzten die Gärtner Seife, weil diese fast alle Insekten abschreckt. Die meisten Haushaltsseifen schaden jedoch den Blättern. Kaufen Sie lieber eine spezielle Insektenseife oder mischen Sie einen Spray aus Backpulver und Salz oder aus dem Saft zerquetschter Pflanzen.

Natürliche Insektenseife hilft gegen Blattläuse, Kriebelmücken, Mottenläuse und schuppige Insekten. Besprühen Sie aber nur betroffene Pflanzen. Blattläuse und Blattspinnmilben können Sie auch mit einem kräftigen Strahl aus dem Gartenschlauch vertreiben.

SELBSTHILFE

Blattläuse und Kriebelmücken können Sie von den Blättern abwaschen oder mit den Fingern zerdrücken. Raupen, zum Beispiel die des Kohlweißlings, sollten Sie einsammeln und ans Geflügel verfüttern. Mottenlausschwärme können Sie mit dem Staubsauger absaugen und den Rest mit Holundertee besprühen (siehe S. 109).

KANNIBALENTEE

Ohrwürmer sind nur in trockenen Böden schädlich. Früher versuchte man, sie „zu Tode zu erschrecken"; es ist jedoch einfacher, sie in Kartonröhren zu fangen, die man über Nacht liegen lässt, und die Insekten dann in einem Eimer mit Wasser zu ertränken. Fügen Sie Käfer und Schnecken hinzu und lassen Sie die „Brühe" einige Tage stehen. Dann seihen Sie sie ab (Sie können die Tiere kompostieren) und verwenden sie als Insektizid. Biodynamische Gärtner verbrennen Schädlinge und streuen die Asche in bestimmten Mondphasen auf ihre Pflanzen.

SOLANGE ES GÄRTEN GIBT, WIRD ES AUCH
SCHNECKEN GEBEN. GÄRTNER HABEN SICH
VIELE METHODEN AUSGEDACHT, UM IHRE
PFLANZEN VOR SCHNECKEN ZU SCHÜTZEN.

Schnecken abschrecken

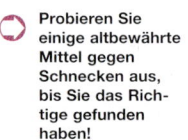

Probieren Sie
einige altbewährte
Mittel gegen
Schnecken aus,
bis Sie das Rich-
tige gefunden
haben!

DISTEL

GIERIGE SCHNECKEN

Jeder Gärtner ärgert sich über Schnecken. Schon bevor die typischen Knabber-
stellen zu sehen sind, entdeckt man schleimige Kriechspuren. Schnecken gleiten
auf einem Schleim, der chemische Botenstoffe enthält und dadurch die Naviga-
tion erleichtert. Die Tierchen fressen am liebsten junge Triebe und zarte Setzlinge – und fast alles andere.

Weiche, schleimige Körper und hartes, scharfes Material passen nicht zusammen. Der beste Schutz vor Schnecken ist daher Splitt. Ein Spruch aus dem
17. Jahrhundert rät: „Wirf Rosshaar aufs Beet, damit den Schnecken die Freud'
vergeht." Wenn Sie je auf einem Sofa gesessen haben, das mit Rosshaar gefüllt
war, wissen Sie, wie stachelig es ist. Gehackte Disteln, Stechginsterschnitt und
Gerstenspelzen sind ebenfalls zu empfehlen.

VOLKSGLAUBEN

Es ist fraglich, ob Schneckenkörner wirken und ob sie ungefährlich sind. Sie können auch Nützlinge töten, die eine vergiftete Schnecke fressen.

Zudem bestehen diese Körner aus einer Chemikalie, die die Schnecke austrocknet, und dies wird verhindert, wenn es regnet oder die Schnecke Wasser findet.

Da die Körner nach jedem Regen gestreut werden müssen, sind sie auch kostspielig.

MODERNE METHODEN

Sägespäne sind leicht zu bekommen und eine gute Schneckensperre. Auch zerbrochene Muschelschalen und Sand helfen, da sie Schnecken töten. Wenn Ihr Boden sehr leicht ist und Sie ihn nicht noch leichter machen wollen, kaufen Sie Kieselgur. Diese Erde enthält winzige scharfe Überreste von Fossilien. Kleie ist billig und eine wirksame Barriere, die zudem den Boden düngt. Wenn eine Schnecke Kleie frisst, quillt diese auf und tötet das Tier. Alle Hindernisse müssen Sie nach einem Regen neu errichten.

FUNKIE

METALLDETEKTOREN

1849 empfahl ein Handbuch über „Methoden, Ungeziefer und Insekten aller Art im Garten zu vernichten", die Anwendung von „galvanischen Protektoren". Das waren gestutzte Zinkkegel mit einem Streifen Kupfer an der Außenseite. Schnecken, die darüber krochen, bekamen einen „galvanischen Schock". Die gleiche Wirkung erzielen Sie mit Alufolie, die Sie um eine Pflanze legen. Auch Kupferstreifen helfen manchmal.

Schützen Sie Ihre Lieblingspflanzen mit einem Ring aus Alufolie vor Schnecken.

TIPP

- Zerbrochene Eierschalen sind eine gute Schneckenbarriere. Backen Sie sie einige Stunden im Ofen, damit sie länger halten. Für sehr alkalischen Boden sind sie nicht geeignet, weil sie zu viel Kalzium enthalten.

- Schneiden Sie Ihren Rasen kurz und entfernen Sie Mulch von gefährdeten Pflanzen.

- Nacktschnecken mögen Funkien. Am besten pflanzen Sie diese Blumen in Gefäße und mulchen den Boden mit zerbrochenen Muschelschalen oder dekorativen Steinen. Das schreckt Schädlinge ab und sieht attraktiv aus.

Schnecken-fallen

WENN BARRIEREN NICHT IN IHREN GARTEN PASSEN, KÖNNEN SIE SCHNECKEN-FALLEN AUFSTELLEN ODER NATÜRLICHE FEINDE DER SCHNECKEN EINLADEN.

Mit einer Taschenlampe können Sie nachts auf Schneckenjagd gehen. Schreiten Sie den Garten mit einem Eimer ab und sammeln Sie so viele Schnecken wie möglich. Dann ertränken Sie die Tiere in heißem Wasser, zerquetschen sie, bestreuen sie mit Salz oder verfüttern sie an Enten. Versprechen Sie Kindern eine Belohnung für jede Schnecke, die sie finden, und Sie werden eine Überraschung erleben!

AUF SCHNECKEN-PATROUILLE

 Kröten fressen gerne Schnecken. Machen Sie Ihren Garten mit Wasser und dunklen, feuchten Plätzen krötenfreundlich.

VOLKSGLAUBEN

Manche Gärtner schworen einst auf Wasserfallen an den Rändern ihrer Beete. Schnecken schwimmen nicht gern und sind leicht einzusammeln, wenn sie ins Wasser fallen.

Doch wenn die Falle nicht tief und solide ist, buddeln sich die Tiere ins Beet ein und vermehren sich sogar stärker, weil sie nicht auswandern können.

KLEINE HELFER

Stellen Sie Nistkästen auf und pflanzen Sie dichte Sträucher, um Vögel anzulocken. Amseln und Drosseln zerbrechen Schneckenhäuser an Steinen und fressen die Tierchen. Frösche, Kröten und Igel schätzen Nacktschnecken. Legen Sie einen kleinen Teich an, setzen Sie Frösche hinein und bieten Sie den Kröten dunkle, feuchte Schlupfwinkel an. Auch Enten mögen Schnecken, und einige Käfer vertilgen Schneckeneier. Lassen Sie also einige Holzstücke und Steine als Behausung für Käfer im Garten liegen.

Ein altes Marmeladenglas ist eine gute Schneckenfalle. Versenken Sie es im Boden und füllen Sie es zur Hälfte mit Bier. Legen Sie aber einen oder zwei Zweige hinein, damit Insekten sich retten können.

FALLEN UND KÖDER

Versenken Sie an günstigen Plätzen halb mit Bier gefüllte Gläser im Boden, denn Schnecken werden von Bier angelockt. Oder ködern Sie Schnecken mit Häufchen aus saftigen Salat- oder Beinwellblättern – jedoch möglichst weit vom Gemüse entfernt, das Sie schützen wollen.

BIOLOGISCHE ABWEHR

Immer mehr Gärtner greifen zu „Biowaffen". Sie können mikroskopisch kleine Fadenwürmer (Nematoden) kaufen und im Boden aussetzen. Diese Würmer dringen in Schnecken ein und vermehren sich in ihnen bis zu deren Tod. Diese Methode ist in Gewächshäusern am erfolgreichsten, weil die Temperatur und die Bodenverhältnisse dort ziemlich konstant sind.

NUR WENIGE LEUTE WOLLEN SÄMTLICHE TIERE
AUS IHREM GARTEN VERTREIBEN – DOCH EINIGE
VIERBEINER SIND NIE WILLKOMMEN

Vierbeinige Schädlinge

Zuerst müssen Sie die vierbeinigen Sünder natürlich entlarven. Am besten ist es, sie auf frischer Tat zu ertappen. Fährten, Kot, Haare und bestimmte Gewohnheiten können ein Tier ebenfalls verraten. Sobald Sie wissen, mit wem Sie es zu tun haben, können Sie über die Lösung des Problems nachdenken. Wie kommt das Tier in den Garten? Spaziert es einfach hinein, klettert es über den Zaun oder hat es einen unterirdischen Zugang? Werden ihm noch mehr Tiere folgen und wie viel Schaden richtet es an?

WAS LOCKT TIERE AN?

Maulwürfe sind überall, wo sie reichlich Futter finden. Die meisten Säugetiere entdecken Ihren Garten jedoch zufällig und kehren so lange zurück, wie sie etwas Fressbares finden. Wenn Sie wissen, was ihnen schmeckt, können Sie die Mahlzeit ungenießbar machen.

Waschbären werden in manchen Gegenden zur Plage. Gegen sie helfen nur Zäune.

○ Rehe sind hartnäckige und gefräßige Gäste in Vorstadtgärten, wenn Sie Pflanzen anbauen, die ihnen schmecken.

○ Maulwürfe sind niedlich, aber im Garten eine Plage, weil sie Pflanzen entwurzeln und den Rasen zerstören.

KATZENMINZE

Unerwünschte Gäste

Algen locken viele Säugetiere an, etwa Rehe und Eichhörnchen. Verrottende Algen auf einem Beet können auch unerwünschte Fliegen anziehen. Dennoch sind Algen ein vorzüglicher Dünger; Sie müssen sie nur gut eingraben, kompostieren oder verflüssigen.

In der Stadt lockt die Katzenminze Katzen an. Da Sie Haustiere anderer Leute gewiss nicht vergiften wollen, sollten Sie einen Schlauch zwischen die Pflanzen legen – er sieht aus wie eine Schlange und vertreibt die Tiere. Kaninchen mögen Dill.

Verzichten Sie also auf Dill oder pflanzen Sie ihn an den Rand des Gartens, damit die Tiere Ihr Gemüse verschonen.

Viele Tiere, zum Beispiel Waschbären, Füchse und Dachse, gehen nachts auf Streifzug. Sie sollten ihnen klar machen, dass der Garten bereits „besetzt" ist, etwa durch Lichter und Tonbänder, die sich sporadisch einschalten – sofern es die Nachbarn nicht stört.

Mit nächtlicher Radiomusik können Sie Tiere nicht abschrecken – sie scheinen Musik zu mögen! Aber probieren Sie es einmal mit einem Wortprogramm.

WENN SIE UNER-
WÜNSCHTE SÄUGE-
TIERE NICHT LOS-
WERDEN, MÜSSEN
SIE SPEZIELLERE
MITTEL ANWENDEN.

Weitere Säugetiere

MAULWÜRFE

Maulwürfe sehen nicht nur niedlich aus, sie lockern den Boden auch gründlich. Allerdings werfen sie in erstaunlichem Tempo ihre Hügel auf, fressen Pflanzenwurzeln und zerstören den Rasen.

In Amerika wird die Kreuzblättrige Wolfsmilch *(Euphorbia lathyrus)* angebaut, weil Maulwürfe diese angeblich meiden. Die Pflanze riecht streng und enthält giftige Alkaloide. Wenn viele Maulwürfe im Garten sind, bräuchten Sie jedoch eine Menge Wolfsmilch, um sie zu vertreiben.

VOLKSGLAUBEN

Maulwürfe und Kaninchen mögen Blutgeruch nicht. Alte Bücher empfehlen, Blut- und Knochenmehl um Pflanzen herum zu streuen; doch Sie müssen das Mehl wässern, damit es nicht Stiele und Blätter angreift. Für Hundehalter ist diese Methode nicht geeignet, da Hunde die Pflanzen ausbuddeln würden.

WINDRAD

Kaninchen scheinen sich über Nacht zu vermehren. Abhilfe schafft ein starker Maschendrahtzaun, der bis in den Boden reicht.

TIPP

Als man Kompost und Dünger noch nicht kaufen konnte, benutzten Gärtner Erde aus Maulwurfshügeln für ihre Topfpflanzen.

ABSCHRECKUNG

Liegen die Tunnel nicht im Garten, vergraben Sie Katzenstreu, Hundekot, Menschen- oder Tierhaare am Ende eines Ganges. Vielleicht bekommt der Maulwurf dann Angst vor Raubtieren und flieht. Maulwürfe mögen keine Erschütterungen; stecken Sie Windräder in neue Maulwurfshügel und versetzen Sie die Räder immer wieder entlang dem Tunnel, bis das Tier verschwunden ist. Versenken Sie halb gefüllte Wasserflaschen ein Stück weit in der Erde, damit der Wind darüber pfeift und ein unangenehmes Geräusch erzeugt.

○ Mäuse fressen gerne Samen und Knollen und verhindern dadurch die ersehnte Blumenpracht. Tauchen Sie Samen und Knollen vor dem Anpflanzen in Paraffin, um die Mäuse abzuschrecken.

MÄUSE

Mäuse sind eine Plage im Garten, weil sie Samen und Knollen fressen. Früher wurden Erbsen und Bohnen vor dem Pflanzen in Paraffin getaucht, da Mäuse den Geruch und Geschmack verabscheuen. Damit sie gelagerte Knollen verschonen, streut man Talkumpulver darüber. Waschen Sie das Pulver vor dem Pflanzen jedoch ab, wenn Ihr Boden sehr kalkig ist.

○ Pflanzen Sie Rautenbüsche an die richtigen Stellen, um streunende Hunde zu vertreiben – sie verabscheuen den Geruch.

SCHUTZZAUN

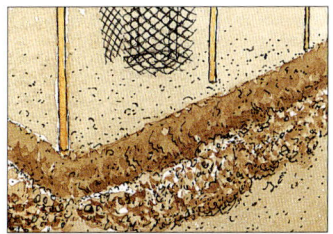

1. Schritt
Ziehen Sie vor den Pfosten einen Graben.

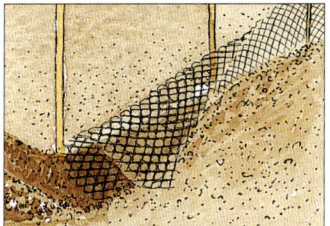

2. Schritt
Versenken Sie Maschendraht 30 cm in den Boden.

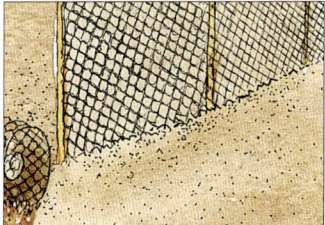

3. Schritt
Befestigen Sie den Draht mit Krampen gut an den Pfosten.

ABSCHRECKENDE DÜFTE

Das Schlimmste an Kaninchen ist, dass sie sich so schnell vermehren – dadurch kann aus einem kleinen Problem bald eine Epidemie werden. Kaninchen haben Angst vor Menschen und sind geruchsempfindlich. Darum steckte man früher an den Rändern des Gartens 45 cm hohe gegabelte Äste in den Boden, an denen Menschenhaare befestigt wurden. Das einzige sichere Mittel gegen Kaninchen (und Waschbären) ist jedoch ein starker Maschendrahtzaun, der 30 bis 45 cm in den Boden reicht.

Parfümierte Seife am Gartenrand kann Rehe verscheuchen. Katzen vertreiben Sie, indem Sie ihren Duft beseitigen. Verteilen Sie aromatische Kräuter dort, wo die Katzen sich versammeln, und stecken Sie kurze, spitze Stöcke in den Boden.

Hunde verabscheuen den Duft der Raute. Pflanzen Sie einige Büsche an die Lieblingsplätze der Tiere.

VOLKSGLAUBEN

Früher wurden Äste des Stechginsters *(Ulex europaeus)* und der Stechpalme *(Ilex* ssp.*)* im Saatbeet vergraben, damit die Mäuse nicht die Erbsen fraßen. Heute ist das nicht mehr ratsam, weil beide Pflanzen den Boden sauer machen. Wenn die Mäuseplage groß ist, säen Sie Erbsen am besten im Spätfrühling.

OBSTBÄUME, WEICHE FRÜCHTE UND SA-
MEN SIND HUNGRIGEN VÖGELN BESON-
DERS AUSGESETZT. DA DIESE TIERE ABER
AUCH SEHR NÜTZLICH SIND, SOLLTEN SIE
BEHUTSAM MIT IHNEN UMGEHEN.

KRÄHE

Vögel

Vögel sollten Ihnen willkommen sein, weil sie Schnecken und andere Schädlinge
vertilgen und den Boden lockern, wenn sie nach Insekten suchen. Außerdem
sind manche Vögel schön anzusehen und anzuhören. Andererseits fressen sie
Samen, junge Blumen und Früchte. Deshalb sollten Sie sie aus einigen Teilen
des Gartens fern halten.

VÖGEL ABSCHRECKEN

Vogelscheuchen sind heute nicht mehr beliebt. Dennoch – wenn Sie einer Puppe
rote Kleider anziehen, schreckt sie Vögel ab, vor allem wenn Alufolienstücke an
ihr hängen, die sich im Wind bewegen und dabei rasseln. Um Eichelhäher und
Elstern zu verjagen, hängen Sie kleine Plastikblumentöpfe an die Vogelscheuche,
da glänzende Dinge diese Vögel anlocken.

Windspiele aus Metall eignen sich für Beerensträucher. Sie können auch kleine
Metallstäbe so aufhängen, dass sie in der leichtesten Brise aneinander schlagen.
Bunte Streifen aus Plastik oder Alufolie sind ebenfalls wirksam.

Vogelscheuchen waren einst in
Feldern und Gärten oft zu sehen.
Sie können sehr nützlich sein.

ABSCHRECKUNG
SELBST GEMACHT

TIPP

Ein altes Rezept verhin-
dert, dass Vögel Ihre Saat
fressen: Eine Hand voll
Weizen- und Gersten-
körner in Wein aufkochen,
das Ganze ziehen lassen,
abseihen; dem Sud einen
Esslöffel Pulver aus
Sumpfschafgarbe *(Achillea
ptarmica)* beimischen
und die Beetränder damit
gießen.

Um den Vögeln zuvorzukommen, sollten Sie Kirschbäume mit Netzen abdecken oder Zwirn durchs Geäst ziehen.

BÄUME SCHÜTZEN

Decken Sie Kirsch- und Maulbeerbäume mit Netzen ab, wenn Sie etwas ernten wollen, oder ziehen Sie festen schwarzen Zwirn durch die Äste. Nylonfaden ist zwar fest, aber nicht gut geeignet, weil er schwer zu entfernen ist; zudem schneidet er in die wachsenden Äste ein. Vögel meiden Fäden, weil sie ihren Abstand schlecht abschätzen können. Auch Spiegel im Geäst sind zur Vogelabschreckung wirksam.

ERFOLGREICH SÄEN

„Eins für die Krähe, eins für den Star, eins verdirbt und eins wächst sogar." Krähen haben scharfe Augen, deshalb sollten Ihre Saatkörner für sie nicht sichtbar sein. Vögel lieben Grassamen; spannen Sie daher schwarzen Zwirn in einer Höhe von etwa 8 cm kreuz und quer über den Boden. Ist die Fläche groß, streuen Sie am besten mehr Samen.

Ein Gemüsebeet schützen Sie mit Glocken aus Hühnerdraht, oder Sie stecken einige Federn in Kartoffelhälften und legen diese zwischen die Reihen. Vögel meiden sie, weil sie für sie wie tote Artgenossen aussehen.

BIENEN, SCHMETTERLINGE UND EINIGE VÖGEL SIND
WICHTIGE BESTÄUBER IM GARTEN. BIETEN SIE
IHNEN LEBENSRAUM UND IHRE LIEBLINGSPFLANZEN
AN, DAMIT SIE IHREN GARTEN BESUCHEN.

Bestäuber

BIENEN

Bienen gehören in einen gesunden Garten.
Je früher sie sich an die Arbeit machen, desto
mehr Pollen sammeln sie, desto mehr Honig
produzieren sie und desto größer wird die
Gemüse- und Obsternte. Ein Bienenschwarm
im Mai bringt eine Fuhre Heu. Fliegt der
Schwarm im Juni hoch, reicht's für 'nen Silberlöffel noch. Und ein Schwarm in der Juliglut ist
für einen Strohhalm gut.

Bienen brauchen ständig Pollen. Sie sammeln
ihn in Feldern, Obstgärten und Hecken. Zu
ihren Lieblingsblumen gehören Eisenhut (Aconitum ssp.), Skabiose (Scabiosa ssp.), Kornblumen, Lavendel und Katzenminze.

VOLKSGLAUBEN

Hummeln gelten zu Unrecht als faul, zum
Beispiel in einem Kräuterbuch aus dem
16. Jahrhundert: „Sie haben wenig oder
gar keinen Nutzen. Die Griechen pflegten
einen Faulpelz als Hummel zu bezeichnen."
In Wahrheit dürften sie sogar nützlicher
sein als Bienen – und sie stechen nicht.
Sie gehen früher im Jahr ans Werk als
Bienen und besuchen hauptsächlich
Obstbäume. Reißen Sie früh blühendes
Unkraut nicht heraus, denn es lockt
Hummeln und Bienen an.

TIPP

Ein einladender Garten
braucht frisches Wasser,
sonnige und schattige
Plätze, Schlupfwinkel und
Ruheplätze sowie nektar-
reiche Blüten für Bestäuber.

Jeder Garten braucht Bienen,
die Bäume, Blumen und
Gemüse befruchten.

Ein Chrysippusfalter schwebt über einer Geranie.

KOLIBRIS

Lange bevor die Honigbiene nach Nordamerika gebracht wurde, gab es dort fleißige Kolibris als Bestäuber. Diese winzigen Vögel brauchen täglich eine Futtermenge, die mehr als der Hälfte ihres Körpergewichts entspricht. Deshalb besuchen sie Hunderte von Blüten und vertilgen obendrein Insekten.

Im Gegensatz zu Schmetterlingen werden Kolibris nicht von Düften, sondern von Farben und vom Nektar angelockt. Wenn im Garten nichts blüht, hängen amerikanische Gärtner sogar knallrote Futterspender in Abständen von etwa 9 m für Kolibris auf.

Pflanzen mit hellen Farben locken Kolibris an.

Die Lieblingsblumen der Kolibris

Großblütige Abelie (*Abelia grandiflora*)
Azalee
Buddleie (*Buddleja davidii*)
Eukalyptus
Fuchsie (*Fuchsia arborescens*)
Hibiskus (*Hibiscus* ssp.)
Flieder
Wunderblume
Flügeltabak
Große Kapuzinerkresse
Petunie (*Petunia* ssp.)
Zinnie
Scharlachmonarde
Knollige Seidenpflanze
   (*Asclepias tuberosa*)
Kardinalsblume
Kosmee
Akelei
Dahlie (*Dahlia* ssp.)
Rittersporn

ABELIE

HIBISKUS

Akanthus (*Acanthus mollis*)
Fingerhut
Geranie
Gauklerblume (*Mimulus hybridus*)
Bartfaden
Schopffackellilie (*Kniphofia uvaria*)
Salbei
Verbene (*Verbena* ssp.)
Prunkwinde (*Ipomoea quamoclit*)
Geißblatt
Wandelröschen (*Lantana* ssp.)
Chinesische Klettertrompete
   (*Campsis grandiflora*)

FRÜHER HATTEN ALLE GÄRTEN
AUF DEM LAND EINEN TEICH,
UND WENN ES NUR EIN ERD-
LOCH WAR. ER BIETET VIELEN
NÜTZLINGEN UNTERKUNFT,
WASSER UND NAHRUNG.

Leben im Teich

Teiche locken Tiere an – sie müssen gar nicht
groß und tief sein. Frösche und Kröten, die im
Garten nur Gutes tun, freuen sich schon über
Pfützen. Kindern und Erwachsenen macht es
Spaß, Froschlaich mitzubringen und zu beob-
achten, wie aus Kaulquappen Frösche werden.
Frösche und Kröten fressen Schnecken, Flie-
gen und andere Schädlinge.

Seerosen, Steine
und Uferpflanzen
sind ein ideales
Versteck im Winter.

VOLKSGLAUBEN

Früher fürchteten die Leute, von Kröten
Warzen zu bekommen – doch Warzen
werden von Viren verursacht.
Die „Warzen" der Kröten enthalten
ein Gift, das die Mundschleimhaut
eines Raubtieres reizt, wenn es versucht,
eine Kröte zu fressen.
Bei Menschen kann es Krämpfe auslösen.
Waschen Sie sich immer die Hände, wenn
Sie eine Kröte berührt haben.

TIPP

Kröten und Frösche graben
sich im Winter im Laub ein.
Als Unterschlupf eignen sich
auch umgedrehte Tontöpfe
auf einem oder zwei Steinen
(damit die Tiere hinein-
schlüpfen können). Im Sommer ist ein leicht angehobe-
ner flacher Stein eine schattige, kühle Krötenwohnung.

Setzen Sie Kaulquappen
in Ihren Teich, und Sie
haben bald Frösche und
Kröten, die Schnecken
und Fliegen fressen.

ALGEN ENTFERNEN

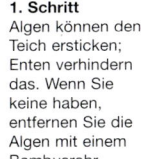

1. Schritt
Algen können den Teich ersticken; Enten verhindern das. Wenn Sie keine haben, entfernen Sie die Algen mit einem Bambusrohr.

2. Schritt
Drehen Sie das Rohr dort, wo die Algen am dicksten sind, und ziehen Sie daran. Wickeln Sie die Algen auf wie Spaghetti.

3. Schritt
Ziehen Sie das Rohr heraus und lassen Sie die Algen einen Tag neben dem Teich liegen, damit Tiere herauskriechen können. Dann werfen Sie die Algen auf den Kompost.

TIPP

Füllen Sie Ihren neuen Teich mit Leitungswasser und warten Sie mindestens einen Tag, damit das Chlor verdampft. Kaulquappen, Kröteneier oder Fische bringen Sie in einem Eimer zum Teich, den Sie einige Stunden ins Wasser stellen. Der Rand sollte sich knapp unterhalb der Wasseroberfläche befinden, damit das Wasser sich langsam mit dem Teichwasser vermischt.

DER BESTE PLATZ FÜR DEN TEICH

Ein Teich gehört in eine stille Ecke des Gartens, am besten zum Teil in der Sonne, zum Teil im Schatten. Eine 5 bis 10 cm dicke Bodenschicht ermuntert Wasserinsekten, Eier abzulegen. Hat der Teich mehr als 2 m Durchmesser, bieten Wasserpflanzen, etwa Seerosen, vielen Tieren Unterschlupf. Kleine Frösche setzen sich gerne auf die Blätter, und Wasserschnecken – die helfen, den Teich sauber zu halten – legen ihre Eier darunter ab.

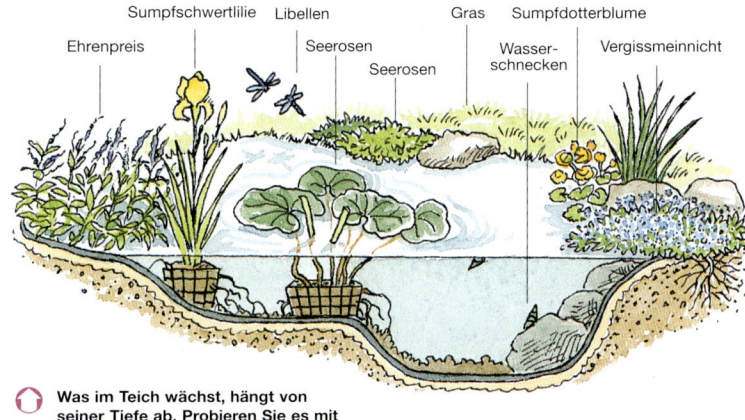

Was im Teich wächst, hängt von seiner Tiefe ab. Probieren Sie es mit einigen Pflanzenarten, die für Sauerstoff sorgen und Unterschlupf und Nahrung für Tiere sind.

PFLANZEN

Setzen Sie einige Pflanzen in den Teich, die Sauerstoff abgeben und Kaulquappen und Larven als Futter und Unterschlupf dienen. Lassen Sie sie an einigen Stellen schnell wachsen, aber halten Sie einige andere Plätze frei. Libellen schätzen Uferpflanzen wie Sumpfschwertlilien *(Iris pseudacorus)* und vertilgen viele schädliche Insekten. Sumpfdotterblumen *(Caltha palustris)* haben zu Beginn des Frühlings hübsche Blüten, ihre großen Blätter schützen Molche und andere Tiere. Ehrenpreis *(Veronica* ssp.) und Vergissmeinnicht *(Myosotis palustris)* wachsen über den Teichrand hinaus. Solche treibenden Pflanzen dämpfen das Sonnenlicht und damit den Algenwuchs.

FISCHE

Zierfische sind sehr attraktiv, in einem kleinen Teich sollten Sie jedoch nur wenige Exemplare halten, damit sie nicht alle Kaulquappen und Larven fressen. Fische locken Reiher und Waschbären an. Um Raubtiere fern zu halten, können Sie 20 cm über dem Teich ein Netz aus feinem schwarzem Draht spannen.

Wenn zu viele Blätter ins Wasser fallen, sinkt der Sauerstoffgehalt und die Tiere sterben. Legen Sie im Spätsommer feinen Maschendraht oder ein Vogelnetz über den Teich, um Blätter aufzufangen und zu entfernen.

AUCH PFLANZEN WERDEN KRANK. DIE URSACHE
KÖNNEN BAKTERIEN, VIREN UND PILZE SEIN.
DIE MEISTEN KRANKHEITEN LASSEN SICH
JEDOCH DURCH GUTE PFLEGE VERHINDERN.

Krankheiten

GESUNDE BEDINGUNGEN

Der beste Schutz gegen Schädlinge und
Krankheiten sind günstige Lebensbedingun-
gen und guter Boden. Setzen Sie Pflanzen
nicht zu nah nebeneinander und düngen Sie
den Boden gut – dann wird Ihr Garten gedeihen. Sorgen Sie für Sauberkeit. Werkzeuge
müssen sauber und scharf, Töpfe dürfen nicht
mit altem Boden oder Pflanzenresten ver-
schmutzt sein. Decken Sie den Kompost ab.

KRANKHEITEN BEKÄMPFEN

Die meisten Krankheiten – außer dem Mehltau
– breiten sich bei Nässe leichter aus. Arbeiten
Sie also bei nassem Wetter nicht an Pflanzen.
Kranke Pflanzen sollten Sie entwurzeln und in
den Müll werfen oder verbrennen, aber
nie kompostieren. Viele
Viren werden von Insekten
verbreitet. Darum ist es
wichtig, schädliche Insekten
in Schach zu halten. Kaufen
Sie, wenn möglich, robuste
Arten wie Chinesische
Stockrose, die gegen
Brand immun ist,
und Gurken, die
Mosaikviren
abwehren.

VOLKSGLAUBEN

Einige Bücher empfehlen, Mottenkugeln in
Pfirsichbäume zu hängen, um Insekten zu
vertreiben, die angeblich die Kräuselkrank-
heit übertragen. Doch Mottenkugeln sind
giftig und diese Krankheit wird von Pilzen
verursacht, die bei kühlem, nassem Früh-
lingswetter sehr aktiv sind. Sie können die
Krankheit verhindern, indem Sie Pfirsich-
und Mandelbäume an Mauern setzen und
im Winter abdecken. Im Sommer entfernen
Sie den Schutz.

STOCKROSE

TIPP

Waschen Sie gebrauchte
Töpfe mit 1 Teil Bleich-
mittel in 9 Teilen Wasser
aus, um Bakterien und
Pilze abzutöten.

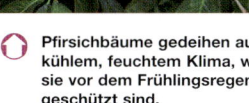 Pfirsichbäume gedeihen auch in kühlem, feuchtem Klima, wenn sie vor dem Frühlingsregen geschützt sind.

SCHUTZ FÜR PFIRSICHBÄUME

1. Schritt
Befestigen Sie Haken an den Enden einer Holzstange, die breiter ist als der Baum. Bringen Sie die Stange an der Mauer über dem Baum an.

2. Schritt
Binden Sie vier Bambusstäbe mit Schnüren zu einem Rechteck zusammen.

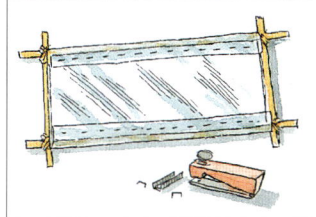

3. Schritt
Legen Sie Plastikfolie auf den Rahmen, klappen Sie die Ränder um und befestigen Sie sie.

4. Schritt
Binden Sie Bambusstangen, die vom Boden bis zur Holzstange reichen, an den Rahmen und haken Sie den diesen an die Stange.

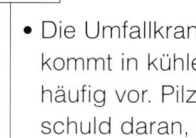

TIPP

- Die Umfallkrankheit kommt in kühlem Klima häufig vor. Pilze sind schuld daran, dass Keimlinge im Boden faulen. Zur Vorbeugung lassen Sie Luft um die Saatschalen herum zirkulieren und verteilen eine dünne Schicht Torfmull auf der Erde. Da die Pilze in feuchtem Boden gedeihen, dürfen Sie nie zu stark gießen.

- Besprühen Sie Pflanzen nicht spät am Tag. Sie müssen vor dem Abend trocknen, denn feuchte Blätter locken in einer kühlen Nacht Schädlinge und Keime an.

TRADITIONELLE HEILMITTEL

Früher vergrub man Rhabarberstangen in Beeten, um Kohlhernie zu verhindern. Die Oxalsäure im Rhabarber neutralisiert die Enzyme, die Kohlhernie auslösen.

Zwiebelsaft oder Knoblauchtee sind alte Mittel gegen Pilze und Bakterien und vertreiben zudem Schädlinge. Besprühen Sie Pflanzen damit, um Blattläuse zu vernichten und Sternrußtau bei Rosen zu lindern. Gegen Mehltau an Kohlgewächsen hilft ein Spray aus verdünntem Apfelessig (siehe S. 111).

Lassen Sie einen halben Eimer gut verrotteten Kompost 2 oder 3 Tage in Wasser ziehen. Dieser „Komposttee" ist ein gutes Stärkungsmittel für Pflanzen, die an Insekten- oder Pilzkrankheiten leiden. Seihen Sie den Tee ab, verdünnen Sie ihn, bis er bernsteingelb ist, und benetzen Sie die Blätter gründlich. Holundertee ist ein gutes Allzweckmittel; kochen Sie eine Hand voll Holunderblätter in Wasser.

ALS ES NOCH KEINE CHEMIKALIEN GAB, HOLTEN DIE
GÄRTNER ARZNEIEN AUS DEM KÜCHENSCHRANK UND AUS
DEM SCHUPPEN, UM KRANKHEITEN ZU BEHANDELN.

Rezepte für Sprays

TRADITIONELLE SPRAYS

Ihr Boden ist gesund, Ihre Pflanzen stehen nicht zu dicht, alle bekommen genügend Wasser und Nährstoffe – und dennoch sehen sie krank aus? Manchmal müssen Sie Sprays benutzen. Probieren Sie die folgenden Rezepte aus, und Sie werden sich fragen, warum überhaupt jemand Chemikalien sprüht. Natürliche Sprays können Sie nicht überdosieren; sie schaden weder anderen Pflanzen noch Tieren. Sie haben keine schädlichen Rückstände und sie kosten wenig oder gar nichts. Die meisten Sprays wirken zudem gegen schädliche Insekten.

SCHACHTELHALMSPRAY

Schachtelhalm enthält viele Mineralien und hilft anderen Pflanzen als Kompost, Dünger, Stärkungsmittel und Arznei. Besprühen Sie Ihre Pflanzen vorbeugend regelmäßig mit Schachtelhalmtee – lassen Sie das Kraut dazu mehrere Wochen in Wasser ziehen – oder verwenden Sie eine schnell zubereitete, stärkere Arznei. Hierfür hacken Sie einige Hand voll Schachtelhalm fein und lassen die Pflanzen in einem Liter Wasser 2 bis 3 Stunden leicht sieden. Nach dem Abkühlen seihen Sie den Tee ab und verwenden ihn als Spray gegen Mehltau und Sternrußtau.

HOLUNDERSPRAY

Lassen Sie Holunderblätter längere Zeit in Wasser ziehen. Sie können auch Blätter und Stiele fein hacken und wie den Schachtelhalm (siehe oben) leicht sieden lassen. Holunder wirkt gegen Bakterien und Pilze.

HOLUNDER

ADLERFARNSPRAY

Die Blätter des Adlerfarns (*Pteridium* ssp.) enthalten eine heilende Säure. Die Pflanze verbessert zudem den Boden, weil sie schnell verrottet und wertvolle Mineralien zurücklässt. Die gehackten Blätter (wie Schachtelhalm zubereitet; siehe oben) helfen gegen Pilze, sind aber im Herbst nicht mehr verwendbar.

ADLERFARN

KNOBLAUCHSPRAY

Zerdrücken Sie eine große Knoblauchknolle in einem Liter kaltem Wasser. Kochen Sie das Ganze 5 Minuten, seihen Sie den Sud nach dem Abkühlen ab und verwenden Sie ihn als Spray gegen Pilze und Insekten.

ZWIEBELSPRAY

Weichen Sie ein großes Bündel Zwiebelblätter einige Tage in einem Eimer Wasser ein. Seihen Sie den Sud ab und besprühen Sie Ihre Pflanzen alle 2 Wochen großzügig damit, um Mehltau zu verhindern. Infizierte Pflanzen besprühen Sie zweimal in der Woche.

SPRITZPISTOLE

BACKPULVERSPRAY

Dies ist ein vorzügliches Mittel gegen Pilze. Lösen Sie 2 Esslöffel Backpulver in 2 Liter Wasser auf und besprühen Sie damit Problemzonen nach Bedarf.

BACKPULVERSPRAY GEGEN BRAND

Vermischen Sie 3 Esslöffel Gartenöl und 1 Esslöffel flüssige Algen mit Backpulver-Spray und besprühen Sie die Pflanzen beim ersten Anzeichen von Brand großzügig damit.

BACKPULVER

ESSIGSPRAY

Auch dieser Spray hilft gegen viele Pilzkrankheiten. Mischen Sie 2 Esslöffel Obstessig und 2 Liter Wasser und besprühen Sie damit infizierte Pflanzen morgens und am frühen Abend.

ESSIG

FRÜHER RISSEN DIE GÄRTNER NICHT JEDES
UNKRAUT AUS. AUCH WIR SOLLTEN NICHT ALLE
UNERWÜNSCHTEN PFLANZEN ENTFERNEN,
SONDERN ÜBERLEGEN, OB SIE NÜTZLICH SIND.

Unkraut

WAS SIND UNKRÄUTER?

Walt Whitman bezeichnete Unkräuter als „Pflanzen, deren Tugenden wir noch entdecken müssen". Einige dieser Arten sind eine Plage, jedoch nicht alle. Unkräuter besiedeln „Wunden" im Boden, also auch umgegrabene Beete, und haben wenig „Verständnis" für künstliche Ökosysteme. Altes Unkraut wächst ständig nach und immer wieder taucht neues auf.

UNKRAUT ALS NAHRUNG

Löwenzahn, Wiesenkerbel (Anthriscus sylvestris), Weißer Gänsefuß (Chenopodium album) und Schwarzer Senf (Brassica nigra) bieten nützlichen Insekten Nahrung und Unterschlupf. Auch wir können viele Unkräuter essen.

Als Zitronen noch ein Luxus waren, aß man zum Fisch oft eine Soße aus Sauerampfer (Rumex acetosa), der viel Vitamin C enthält. Er schmeckt auch im Salat, ebenso wie die kupferreiche Vogelsternmiere (Stellaria media). Blanchierte junge Löwenzahnblätter oder gedünsteter Gänsefuß enthalten ebenfalls viele Mineralien und Vitamine.

Löwenzahnsamen hängen an winzigen Fallschirmen, die sie weit ins Land hinaus tragen.

WEISSER GÄNSEFUSS

SAUERAMPFER

VOLKSGLAUBEN

Der Schachtelhalm absorbiert alle Mineralien in seiner Umgebung – sogar Gold. Außerdem sondert er Kobalt, Kalzium und Kieselsäure ab, die gegen Mehltau und andere Pilzkrankheiten helfen. Schachtelhalmtee ist ein vorzüglicher Blattspray gegen Pilze (siehe S. 110).

SCHWARZER SENF

NÜTZLICHE NACHBARN

Ampfer, Gänsefuß, Nesseln, Schachtelhalm und Hopfenklee *(Medicago lupulina)* sind gute Nachbarn, weil sie für andere Pflanzen Mineralien aus dem Boden holen und mit ihrem weiten Blattwerk kleinere Gefährten bewässern.

VOLKSGLAUBEN

Unkraut werden Sie nie los. Sie brauchen nur auf dem Land spazieren zu gehen, schon versuchen Dutzende von Unkräutern, in Ihren Garten zu gelangen. Kratzen und klopfen Sie einmal Ihre Schuhsohlen über einer Schale mit steriler Topferde ab, selbst wenn sie sauber aussehen. Sie werden von den vielen Keimlingen überrascht sein.

Heilpflanzen

Der Schachtelhalm entfernt Schwermetalle und andere Schadstoffe aus dem Boden. Wenn Sie ihn dafür benutzen, dürfen Sie ihn nicht kompostieren. Verbrennen Sie ihn und entsorgen Sie die Asche außerhalb des Gartens. Der Breitwegerich *(Plantago major)* lindert Hautausschlag, dessen Ursache Pflanzengifte sind. Zerquetschen Sie die Blätter und machen Sie damit Umschläge. In schwereren Fällen kann er allerdings die ärztliche Hilfe nicht ersetzen.

UNKRÄUTER ALS FREUNDE

Bevor es Kunstdünger gab, wurde Unkraut kompostiert oder als Tee verwendet. Mehrjährige Pflanzen mit tiefen Wurzeln, etwa Ampfer, werden vor dem Kompostieren in der Sonne getrocknet, damit sie nicht im Kompost wachsen. Tee aus wildem Senf verhindert, dass Kohlweißlinge ihre Eier ablegen.

Manche Unkräuter ziehen Schädlinge an, sodass das Gemüse verschont bleibt. Erdflöhe lieben Nachtschatten *(Solanum carolinense)* und zerstören ihn nach der Blüte. Er ist mit der Tomate verwandt und wird auch von mehreren Paprika- und Tomatenviren befallen. Disteln *(Cirsium ssp.)* locken Kriebelmücken an und halten sie von den Bohnen fern.

BREITWEGERICH

DISTEL

WENN UNKRAUT MIT
KULTURPFLANZEN UM
LICHT, WASSER UND
NAHRUNG KÄMPFT, WIRD
ES ZUR PLAGE. ALTBE-
WÄHRTE METHODEN
HELFEN IHNEN, LÄS-
TIGE UNKRÄUTER
LOSZUWERDEN.

Jäten

HACKE

Die Winde werden Sie sehr schwer
los. Am besten graben Sie jedes
Wurzelteilchen mit einer Forke aus.

- Suchen Sie mehrjährige
  Pflanzen vor dem Setzen
  nach Unkrautwurzeln
  oder -stielen ab, etwa
  Ackerwinde *(Convol-
  vulus arvensis)* oder
  Geißfuß *(Aegopodium
  podagraria).*

- In einem Garten mit viel
  Unkraut legen Sie mit
  frischem Boden und Stall-
  mist erhöhte Beete an.
  Andere Bereiche mulchen
  Sie.

RICHTIGES JÄTEN

Sie müssen Ihren Garten gut pflegen, damit er frei von Unkraut bleibt. Jäten mit
der Hand ist oft sinnvoll, denken Sie jedoch auch an den alten Spruch: „Nass
ziehen und trocken hacken". Unkraut lässt sich am leichtesten aus nassem
Boden herausziehen; doch wenn Sie bei Nässe hacken, fördern Sie die Ver-
breitung der unerwünschten Pflanzen. Einjähriges Unkraut werden Sie am besten
los, indem Sie mulchen oder ein Beet im Frühling mehrere Male flach mit dem
Grubber lockern. Im Herbst darf das Unkraut keine Samen bilden.

Zum Abschneiden des Unkrauts ist der Zeitpunkt wichtig: „Schneidest du Disteln
im Mai, wachsen sie neu. Schneidest du im Juni sie, ist es immer noch zu früh.
Drum schneid sie erst im Juli ab, dann wird der Garten doch ihr Grab." Wenn Sie
im Frühsommer schneiden, regen Sie die Pflanze zum Wachstum an. Warten Sie
also bis zum Herbst, wenn sie ihre Energie für die Samenbildung braucht.

Früher wurde hartnäckiges Unkraut mit Adlerfarn abgedeckt. Heute können
Sie ein Beet ein Jahr lang mit schwarzem Plastik oder Karton zudecken oder
einen schweren Teppich aus Naturfasern auf das Unkraut legen, damit es 2 oder
3 Jahre lang langsam verrottet. Heu und Stroh sind als Mulch gegen Unkraut
ungeeignet, weil sie Unkrautsamen enthalten.

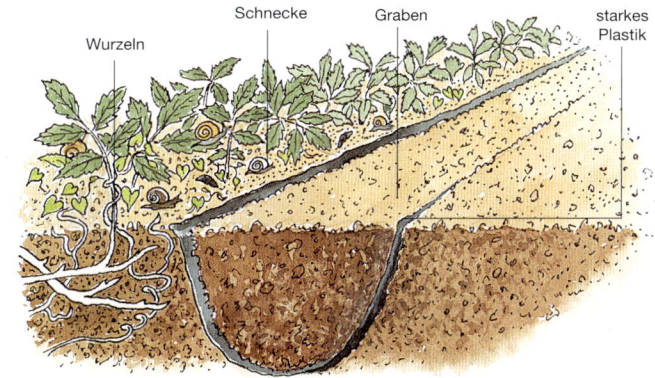

Wurzeln · Schnecke · Graben · starkes Plastik

KRIECHENDE WURZELN

Ackerwinde, Geißfuß und Quecke *(Elymus repens)* breiten sich mit langen, kriechenden Wurzeln aus. Graben Sie diese Unkräuter im Frühling mehrmals aus, damit der Wurzelstock an der Oberfläche vertrocknet. Jedes winzige Wurzelstück, das Sie übersehen, wächst jedoch zu einer neuen Pflanze heran. Am besten decken Sie betroffene Stellen mit Mulch ab.

Damit kein Unkraut aus Nachbargärten eindringt, ziehen Sie einen 30 cm tiefen Graben entlang der Gartengrenze und kleiden ihn mit strapazierfähigem Plastik aus. Es lohnt sich, mehrjähriges Unkraut abzuwehren, da es Schnecken tagsüber als Unterschlupf dient.

WACHSTUMS-HEMMER

Die Wurzeln der Quecke sondern eine Substanz ab, die das Wachstum anderer Pflanzen hemmt. Statt umzugraben, können Sie aber auch Tomaten pflanzen, deren Wurzelenzyme das Wachstum der Quecke eindämmen; am besten ist eine üppig wachsende Art. Es hilft auch, wenn Sie Steckrübensamen zwischen den Quecken säen.

TOMATEN

KAPITEL 6

DER GARTEN IM HAUS

ZIMMERPFLANZEN GIBT ES NOCH NICHT SEHR LANGE, DENN SIE BRAUCHEN MEHR LICHT, ALS DIE HÄUSER EINST ZU BIETEN HATTEN. ERST ALS DAS GLAS IM 19. JAHRHUNDERT BILLIGER WURDE, NAHM MAN PFLANZEN MIT INS HAUS.

DIE ERSTEN ZIMMERPFLANZEN WUCHSEN ENDE DES 18. JAHRHUNDERTS IN DEN GEWÄCHSHÄUSERN DER REICHEN. JEDER GÄRTNER WOLLTE DIE GRÖSSTEN UND EXOTISCHSTEN BLUMEN PRÄSENTIEREN UND DIE ZAHL DER TREIBHÄUSER NAHM BIS ENDE DES 19. JAHRHUNDERTS ZU. IN DEN HÄUSERN DER MITTELSCHICHT TAUCHTEN DIE ERSTEN ECHTEN ZIMMERPFLANZEN MITTE DES VORIGEN JAHRHUNDERTS AUF. HEUTE GIBT ES SIE IN GROSSER VIELFALT.

ZIMMERPFLANZEN LEBEN IN EINER FÜR SIE UNNATÜR-
LICHEN UMGEBUNG UND HÄNGEN GANZ VON UNS AB.
EIN GUTER BODEN IST FÜR SIE DIE BESTE GRUNDLAGE.

Boden und Nährstoffe

TIPP

Geben Sie Gartenboden
auf ein Backblech oder
in eine flache Schale
und sterilisieren Sie ihn
45 Minuten lang bei 180 °C
im Backofen.

Kies oder Sand fördern
die Entwässerung der
Topferde.

WICHTIGE BEDÜRFNISSE

Zimmerpflanzen haben dieselben Bedürfnisse wie Gartenpflanzen: Licht, Wasser, guter Boden und günstige Temperaturen. Ausreichende Belüftung und Dünge-mittel kommen hinzu. Die Erde ist besonders wichtig. Sie muss leicht und locker sein, damit Wasser ablaufen und Luft eindringen kann, jedoch nicht so leicht, dass Nährstoffe fortgespült werden.

Als es noch keine Topferde zu kaufen gab, wurde meist Boden aus Maulwurfshügeln verwendet. Mischen Sie ein wenig Kies hinein, damit er locker wird. Dieser Boden ist krümelig und eignet sich für alle Zimmerpflanzen, außer für die tropischen. Gartenerde ist nicht so gut, weil sie oft zu schwer ist und Insekten oder Keime enthält. Sie sollten sie daher sterilisieren (siehe „TIPP" links).

ALPENVEILCHEN

VOLKSGLAUBEN

Manche Leute ersetzen Vermiculit oder Perlit durch Katzenstreu. Das ist keine gute Idee. Die Streu enthält Lehm und absor-biert viel Wasser – daher macht sie den Boden kompakter, anstatt ihn zu lockern.

TIPP

Zimmerpflanzen können schwerer werden als ihr Topf. Denken Sie an einen blühenden Ritterstern (*Amaryllis belladonna*) mit seinem 60 cm hohen Stiel, an eine Keulenlilie (etwa *Cordyline terminalis*) oder an ein großes Alpenveilchen (*Cyclamen* ssp.). Füllen Sie 1 cm Sand nach, damit kopflastige Pflanzen nicht umfallen.

VOLKSGLAUBEN

Alte Gartenbücher empfehlen, Topfpflanzen mit fein gehackten Küchenabfällen zu düngen, die mit Wasser gemischt sind. Das ist zwar ein guter Gartenkompost, doch Zimmerpflanzen haben nichts davon, weil ihnen die Bodenbakterien fehlen, um die organische Materie abzubauen.

TOPFERDE

Für die meisten Zimmerpflanzen ist eine Torfmischung der beste Nährboden. Sie ist so leicht, dass man auch große Topfpflanzen problemlos umstellen kann. Natürlich können Sie Topferde auch selbst herstellen.

RITTERSTERN

SELBST GEMACHTE TOPFERDE

1. Schritt
1 Liter Bodenkrume, 1 Liter Torf, 1 Liter Perlit oder Bausand und 1 Liter Vermiculit vermischen.

2. Schritt
1 Esslöffel Knochenmehl und 1 Hand voll getrockneten Stallmist hinzufügen, um die Mixtur mit Nährstoffen anzureichern.

3. Schritt
Alles gründlich mischen und vor Gebrauch 24 Stunden stehen lassen. Die Mischung ist in einem geschlossenen Behälter ein Jahr haltbar.

NÄHRSTOFFE

Zimmerpflanzen leben in einer künstlichen Umwelt und brauchen regelmäßig Nährstoffe. Sie können löslichen Dünger in Tabletten- oder Stangenform kaufen oder einmal monatlich mit Tee düngen (siehe S. 69).

DÜNGER IN STANGEN- UND TABLETTENFORM

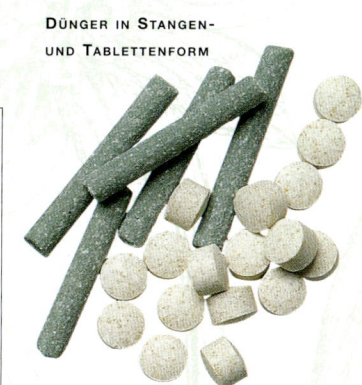

TIPP

Es ist nicht schlimm, wenn in der Topferde Moos wächst – es deutet nur auf Wasserstau hin. Topfen Sie die Pflanze um und mischen Sie Perlit oder Sand in die Erde.

WENN PFLANZEN STERBEN, HABEN SIE MEIST ZU
WENIG ODER ZU VIEL WASSER BEKOMMEN.
LERNEN SIE, IHREN PFLANZEN DIE RICHTIGE
WASSERMENGE ZU GEBEN.

Gießen

DER RICHTIGE TOPF

Wenn Sie zu reichlich gießen, faulen die Wurzeln und die Pflanze
stirbt; gießen Sie zu wenig, welkt die Pflanze, lässt sich aber
meist noch retten. Verwenden Sie Töpfe aus Terrakotta – sie sind
porös und geben bis zur Hälfte des Gießwassers durch die
Wand ab, sodass die Gefahr eines Wasserstaus abnimmt. Töpfe
aus Plastik oder glasierte Töpfe lassen keine Feuchtigkeit durch,
daher trocknen die Pflanzen langsamer aus.

TIPP

- Wenn Sie verschiedene
  Töpfe benutzen, dürfen
  Sie nicht alle Pflanzen
  gleichzeitig gießen, denn
  Ton, Plastik und Metall
  speichern und verlieren
  Wasser in unterschied-
  licher Menge.

- Alpenveilchen brauchen
  einmal im Monat eine
  „Sauna". Stellen Sie den
  Topf in eine mit Kieseln
  gefüllte Schale und gießen
  Sie kochendes Wasser auf
  die Steine, sodass Dampf
  ins Blätterwerk dringt.

Gießen Sie Alpenveilchen von
unten – sie mögen keine
nassen Blätter und Blüten.

VOLKSGLAUBEN

Zimmer- und Gewächshauspflanzen mögen
kein kaltes Wasser. Das Gießwasser sollte
mindestens so warm wie die Luft sein.
Kaltes Wasser versetzt ihnen einen Schock
und kann die Wurzeln schädigen. Weiße,
narbige Blätter sind die Folge.

WANN GIESSEN?

Lassen Sie eine Pflanzen nie austrocknen,
denn dadurch verliert sie jedes Mal mehrere
Tage Blütezeit. Erfahrene Gärtner heben den
Topf hoch und wissen, ob die Pflanze Wasser
braucht. Ist der Topf schwer, ist alles in Ord-
nung, ist er leicht, ist Gießen angebracht.
Anfänger können den Zeigefinger bis knapp
übers erste Gelenk in den Boden stecken:
Fühlt die Erde sich trocken an, muss gegossen werden.

USAMBARAVEILCHEN

OBEN ODER UNTEN?

Die meisten Pflanzen können Sie von oben gießen, doch bei einigen faulen die nassen Blätter. Gießen Sie Usambaraveilchen (*Saintpaulia* ssp.) von unten, damit ihre Blätter keinen Schaden nehmen. Sie können Pflanzen auch in eine mit Wasser gefüllte Wanne tauchen (aber nie länger als 15 Minuten) oder sie auf eine Untertasse mit Wasser stellen.

WELCHES WASSER?

Früher goss man mit Kochwasser, wusch Milchkannen über Beeten aus und schüttete sogar Bierreste in den Garten, um keine Nährstoffe zu vergeuden. Heute wird im Haus meist mit Leitungswasser gegossen. Das ist gefährlich, wenn das Wasser Chlor enthält. Hartes Wasser führt zu Ablagerungen in den Töpfen, doch Wasser mit Weichmachern ist ebenso schlecht, weil der hohe Kalziumgehalt mit anderen Mineralien ausgeglichen wird. Gießen Sie nur mit Leitungswasser, brauchen die Pflanzen auch Flüssigdünger, damit der Mineralgehalt der Topferde konstant bleibt.

BEWÄSSERUNG IM URLAUB

Wenn kein Nachbar Ihre Pflanzen gießt, brauchen Sie ein Bewässerungssystem. Kleiden Sie die Badewanne mit Zeitungen oder alten Handtüchern aus, um sie nicht zu zerkratzen, und stellen Sie die Töpfe auf Ziegel in die Wanne. Drehen Sie aus mehreren dicken Garnfäden Schnüre und legen Sie eine oder zwei mit einem Ende in jeden Topf (in unglasierte Töpfe mehr). Füllen Sie die Wanne bis zur Höhe der Ziegel mit Wasser und lassen Sie die Schnüre ins Wasser hängen. Ist das Bad hell, können die Pflanzen so mehrere Wochen überstehen.

TIPP

Nährstoffreiches Gemüsewasser ist gut für Zimmerpflanzen. Altes Wasser aus Aquarien enthält Nährstoffe und Sauerstoff – und die Pflanzen mögen es.

Sprühen oder nicht?

Einige Pflanzen brauchen viel Feuchtigkeit und müssen regelmäßig besprüht werden.

Zimmerpflanzen, die viel Feuchtigkeit brauchen

Kanonierblume
(*Pilea cadierei*)
Nestfarn
(*Asplenium nidus*)
Duftende Drazäne
(*Dracaena fragrans*)
Frauenhaarfarn
(*Adiantum raddianum*)
Flamingoblume
(*Anthurium scherzerianum*)
Dreimasterblume
(*Tradescantia zebrina*)
Glanzkölbchen
(*Aphelandra squarrosa*)

TOPFBEWÄSSERUNG

1. Schritt
Nehmen Sie die Pflanze behutsam aus dem Topf.

2. Schritt
Bohren Sie ein Loch in den Deckel eines Plastikgefäßes, dessen Durchmesser etwas größer ist als der des Topfes.

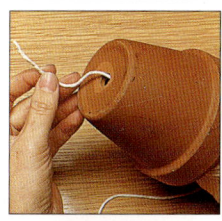

3. Schritt
Ziehen Sie eine Schnur aus Wolle oder Baumwolle durch das Loch im Topfboden.

4. Schritt
Drücken Sie die Schnur mit einem Stöckchen oder Bleistift in den Wurzelstock.

5. Schritt
Füllen Sie das Gefäß mit Wasser und verschließen Sie es mit dem Deckel. Die Schnur in das Loch stecken und die eingetopfte Pflanze darauf stellen.

SPRÜHFLASCHE

PFLANZEN SIND WIE
MENSCHEN: SIE
LEIDEN, WENN SIE ZU
WENIG LICHT UND
WÄRME BEKOMMEN.

Licht und Wärme

EIN NEUES HOBBY

Zimmerpflanzen kamen groß in Mode, als britische Blumenfreunde – von denen die meisten in Textilfabriken arbeiteten und Pflanzen als Hobby sammelten und ausstellten – Alpenaurikel *(Primula auricula)* aufs Fensterbrett stellten und um die schönsten Hybriden wetteiferten. Der Aurikel braucht wenig direktes Licht und war daher beliebt. Manchmal ist er heute noch in stufenförmig angeordneten Töpfen zu sehen, die Licht, Luft und Raum optimal ausnutzen.

TIPP

• Eine weiße Wand gegenüber Fensterpflanzen reflektiert mehr Licht.

• Drehen Sie Pflanzen regelmäßig um, damit sie von allen Seiten Licht bekommen und nicht dem Licht entgegen wachsen.

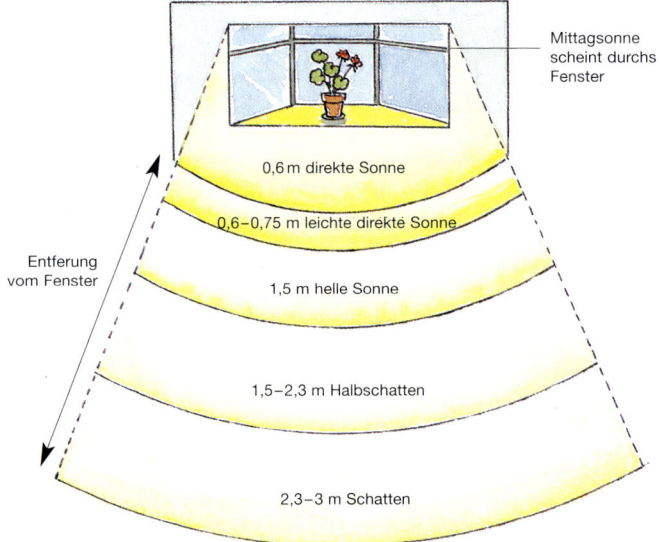

Mittagssonne scheint durchs Fenster

0,6 m direkte Sonne

0,6–0,75 m leichte direkte Sonne

1,5 m helle Sonne

Entferung vom Fenster

1,5–2,3 m Halbschatten

2,3–3 m Schatten

Wenn Ihre Pflanzen helles Sonnenlicht brauchen, sollte die Mittagssonne sie bescheinen.

WELCHES LICHT?

Mittelmeer- und Tropenpflanzen brauchen viel direktes Sonnenlicht. Alle Blütenpflanzen, Kakteen und Sukkulenten benötigen etwas direktes Sonnenlicht. Blattpflanzen mögen Helligkeit, aber meist kein direktes Sonnenlicht. Farne und immergrüne Blattpflanzen bevorzugen Halbschatten. Im 19. Jahrhundert bauten reiche Gärtner Farnhäuser, damit ihre Pflanzen gedämpftes Licht und Feuchtigkeit bekamen.

Achten Sie auf Symptome des Lichtmangels – langsames oder kümmerliches Wachstum, die geflammten Blätter werden grün, Blüten fehlen oder sind klein, die unteren Blätter werden gelb oder fallen ab. Bekommt eine Pflanze zu viel Licht, erscheinen „Brandflecke" auf den Blättern, und die unteren welken mittags.

VOLKSGLAUBEN

Keine Zimmerpflanze mag tiefen Schatten.
Sie braucht Licht zum Leben – wenn sie
es nicht bekommt, verkümmert sie.

DIE TEMPERATUR

Zimmerpflanzen mögen keine extremen
Temperaturen. Wenn Sie Pflanzen von einem
Raum in den anderen bringen, gedeihen sie
schlecht, denn sie können sich veränderten
Temperatur-, Feuchtigkeits- und Lichtver-
hältnissen nur langsam anpassen.

SOMMERSONNE

Wenn Sie genügend Platz
haben, sollten Sie Zimmerpflanzen im Sommer ins Freie
stellen – sofern die Temperatur
nicht unter 12 °C fällt. Licht-
empfindliche Pflanzen wie
Usambaraveilchen, Schildblumen
(Aspidistra elatior) und Einblatt
(Spatiphyllum ssp.) bleiben
besser im Haus.

AURIKELN

Nur Tropenpflanzen mögen
Temperaturen über 25 °C
und viel Feuchtigkeit.

Die meisten Zimmerpflanzen gedeihen bei 15–25 °C. Für empfindliche
Arten sind 15 °C ein Problem.

Robustere Pflanzen überleben
im Winter bei 10–15 °C.

TIPP

- Der Blattkaktus (Epi-
  phyllum ssp.) ist nach
  kühlen Nächten ein
  schöner Anblick. Sie
  sollten ihn nicht mehr
  bewegen, wenn er
  Knospen hat, sonst
  verliert er Blüten und
  Blätter.

- Die Blätter von Fenster-
  blumen dürfen im Winter
  nie die Scheibe berüh-
  ren, da deren Tempe-
  ratur nachts mindestens
  10 °C unter der Raum-
  temperatur liegt.

VOLKSGLAUBEN

Pflanzen, die aus einer kühlen Zone stammen, gedeihen in heißem Klima auch neben
einer Klimaanlage schlecht.
Wegen des ständigen Luftzugs transpiriert
die Pflanze zu schnell und das hält sie nicht
lange durch.

EINBLATT

SCHÄDLINGE FINDEN AUCH DEN WEG INS HAUS,
UND ZIMMERPFLANZEN SIND BESONDERS AN-
FÄLLIG, WEIL SIE NICHT SO ROBUST SIND
WIE IHRE VERWANDTEN IM GARTEN.

Der Weihnachtsstern
galt einst zu Unrecht
als giftig.

Probleme

SCHÄDLINGSBEKÄMPFUNG

Im Garten können Sie Pflanzen mithilfe ihrer natürlichen
Feinde und ihrer Pflanzenfreunde vor Schädlingen schützen.
Im Haus sind die Mittel begrenzt – dennoch brauchen Sie
keine Chemikalien.

Bieten Sie Ihren Pflanzen ein Leben ohne Stress, günstige
Bedingungen und den richtigen Topf. Topfpflanzen ziehen
enge Gefäße vor und sie sagen Ihnen, wann sie umgetopft
werden wollen: Die Wurzeln wachsen durch das Bodenloch,
die Blätter werden klein und gelb und welken leicht.

VOLKSGLAUBEN

Einige Pflanzenfreunde gedeihen auch im
Haus. Stellen Sie Töpfe mit Zwergstudenten-
blumen *(Tagetes minuta)* auf sonnige Simse
zwischen andere Pflanzen, denn sie
schrecken Insekten und manche Keime ab.
Auch Lavendel hat eine gewisse Wirkung,
und Thymian oder Basilikum *(Ocimum
basilicum)* auf dem Fensterbrett verscheuchen die meisten schädlichen Insekten.

 Stellen Sie Kräuter in
Gruppen aufs Fens-
terbrett, damit sie
einander helfen zu
wachsen und Schäd-
linge zu vertreiben.

SAUBERE BLÄTTER

Prüfen Sie regelmäßig, ob die Blätter Ihrer Pflanzen schmutzig, staubig oder von Insekten befallen sind. Besprühen Sie die Blätter oder waschen Sie sie mit lauwarmem Wasser ab. Große Pflanzen säubern Sie unter der Dusche, die Blätter kleiner Pflanzen wischen Sie mit einem weichen Lappen ab. Gegen Insekten sprühen Sie Seifenwasser und spülen es nach einer Stunde ab. Ein wenig Gartenöl im Wasser verhindert, dass die Seife gleich abläuft, und lässt sie besser in die Insektenkörper eindringen.

ALTE HEILMITTEL

Die Sprayrezepte auf S. 110 und 111 eignen sich auch für Zimmerpflanzen, ebenso die Mittel gegen Insekten auf S. 92 und 93. Alle sind ungiftig.

 Große Pflanzen säubern Sie mit einer sanften, kühlen Dusche.

TIPP

Für haarige Blätter sind Seifenwasser und Insektensprays ungeeignet. Entfernen Sie Insekten mit der Hand und saugen Sie Mottenläuse ab. Stellen Sie die Töpfe in Schalen mit Kieseln und besprühen Sie die Pflanzen, denn Blattspinnmilben mögen keine Feuchtigkeit.

IHRE BLUMEN HALTEN
LÄNGER, WENN SIE TIPPS
BEFOLGEN, DIE AUF DEM
LAND SEIT VIELEN GENE-
RATIONEN BEKANNT SIND.

Blumen arrangieren

WANN PFLÜCKT MAN BLUMEN?

Seit uralten Zeiten wird empfohlen, Blumen früh an einem trockenen Morgen zu pflücken, wenn sie ganz frisch sind. Die meisten duftenden Blumen, etwa Lilien, Rosen und Gartenwicken, pflücken Sie am besten, wenn
noch Tau auf den Blättern liegt; bei anderen Sorten sollte der Tau gerade
verdunstet sein. Bei feuchtem Wetter gepflückte Blumen faulen rasch.

AUSRUHEN LASSEN

Alte Bauernhäuser hatten kühle, dunkle
Speisekammern, wo man Schnittblumen einige
Stunden in Eimern stehen ließ, ehe sie
arrangiert wurden. Füllen Sie einen Eimer mit
lauwarmem Wasser, wickeln Sie Tulpen nach
dem Schneiden in Zeitungspapier ein und
stellen Sie sie in den Eimer. Astern (*Aster* ssp.)
und Rittersporn halten besser, wenn Sie einen
Teelöffel Zucker in jeden halben Liter Wasser
geben. Erneuern Sie
das Wasser von
Schnittblumen
mindestens jeden
zweiten Tag.

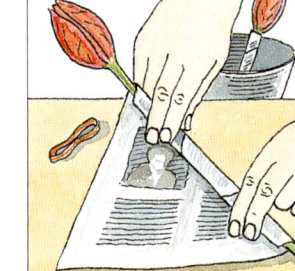

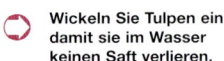 Wickeln Sie Tulpen ein,
damit sie im Wasser
keinen Saft verlieren.

TIPP

Blumenarrangements
halten länger, wenn sie
Fingerhüte enthalten;
oder gießen Sie eine
Tasse Tee aus Fingerhut-
blättern oder -blüten ins
Wasser. Eine Tasse
Schachtelhalmtee ist
ebenfalls hilfreich, da
die Blumen die Mineralien
der Pflanze aufnehmen.

VOLKSGLAUBEN

Es empfiehlt sich, ein Stückchen Holzkohle
in die Blumenvase zu legen. Sie absorbiert
Bakterien und beseitigt Gerüche.

LILIEN UND BLÄTTER

VOLKSGLAUBEN

Früher glaubte man, es bringe Unglück, im Frühling Knollenblumen ins Haus zu holen, vor allem Hasenglöckchen *(Endymion non-scriptus)*, Hyazinthen *(Hyacinthus orientalis)* und Narzissen *(Narcissus* ssp.) – die hängenden Köpfe kündigten angeblich einen Todesfall an.

Ein Sekret dieser Pflanzen kann in der Tat andere Blumen sterben lassen.

Stellen Sie jede Blumenart vor dem Arrangieren eine Stunde in eigenes Wasser.

Blüten und Blätter ergeben ein faszinierendes Arrangement.

TIPP

- Die meisten Blumen halten im Wasser länger, wenn Sie die Stiele nach dem Schneiden zusammendrücken. Harte Stiele, etwa die von Geißblatt und Flieder, werden aufgeschlitzt. Schneiden Sie alle paar Tage ein Stückchen ab, wenn Sie das Wasser wechseln, damit die Stiele nicht faulen.

- Tauchen Sie das geschnittene Ende von Chrysanthemen *(Chrysanthemum* ssp.) und Azaleen zuerst eine Minute in kochendes, dann einige Stunden in kaltes Wasser, oder versengen Sie das Ende der Azaleenstiele gleich nach dem Schneiden über einer Flamme. Lilien *(Lilium* ssp.) stellen Sie vor dem Arrangieren eine Minute auf den Kopf und berieseln die Stiele mit kaltem Wasser.

FRÜHLINGSBLUMEN-ARRANGEMENT

1. Schritt
Die Basis bildet ein Knäuel aus Hühnerdraht. Wasser eingießen und die Form des Arrangements aus Blättern bilden. Dann Blumen einzeln hinzufügen.

2. Schritt
Haltbare Blumen sorgen mit ihren Blättern für die Hauptstruktur.

3. Schritt
Weitere Blumen, auch kurzlebige, hinzufügen und bei Bedarf erneuern

TIPP

- Wenn Schnittblumen bald schlaff werden, kann ein Weidenzweig in der Vase sie wieder beleben. Auch ein halbes Aspirin hilft.

- Wiesenkerbel ist eine schöne Schnittblume. Sammeln Sie ganze Pflanzen mit der Wurzel kurz vor der Blüte; sie halten im Haus länger als eine Woche.

KAPITEL 7

GÄRTNERS WOHLBEFINDEN

„DER KUSS DER SONNE IST GNADE, DAS LIED DER VÖGEL LÄSST DICH FRÖHLICH WERDEN. DU BIST GOTT NÄHER IM GARTEN ALS IRGENDWO SONST AUF ERDEN."

GARTENARBEIT KANN HART SEIN; DENNOCH HATTEN DIE ALTEN GÄRTNER ES NIE EILIG. FOLGEN SIE IHREM BEISPIEL UND ERLEICHTERN SIE SICH DIE ARBEIT. PLANEN SIE IHREN GARTEN UND IHRE BELASTBARKEIT REALISTISCH. VERSCHAFFEN SIE IHREN PFLANZEN GÜNSTIGE BEDINGUNGEN. HALTEN SIE WERKZEUG, KOMPOST UND WASSER GRIFFBEREIT – UND ACHTEN SIE AUF IHRE GESUNDHEIT.

KRÄUTERARZNEIEN HABEN EINE URALTE TRADITION. IHR GARTEN LIEFERT IHNEN HEILKRÄUTER, KOSMETIKA UND HAUSHALTSREINIGER. FÜR ERNSTE ODER LANGWIERIGE KRANKHEITEN IST JEDOCH DER ARZT ZUSTÄNDIG.

PLANEN SIE IHRE ARBEIT, BEVOR SIE EINEN SPATEN
IN DIE HAND NEHMEN. HELFEN SIE DEM GARTEN,
IHNEN ZU HELFEN, UND DENKEN SIE DARAN, DASS
ER KEINE PLAGE, SONDERN EINE FREUDE SEIN SOLL.

Stress abbauen

BLÜHENDER HORNSTRAUCH

VOLKSGLAUBEN

Sie müssen sich beim Säen nicht genau an die Anweisungen auf der Packung halten. Schauen Sie nicht auf den Kalender, sondern aufs Wetter. In zu nassem und kaltem Boden hat die Saat keine Chance. Säen Sie trocken und pflanzen Sie nass, und warten Sie auf sonniges, trockenes Wetter. Die Samen holen den Rückstand auf.

KELLE IM BODEN

GARTENPLANUNG

Früher hatten die Gärtner wenig Auswahl, was die Bepflanzung betraf. Sie holten sich nützliche und schöne Pflanzen aus der Natur oder bekamen sie von Freunden und Nachbarn geschenkt. Doch Sie können im Winter planen. Selbst wenn Ihr Garten klein ist, empfiehlt es sich, einige Kräuter und Gemüse anzubauen, denn nichts schmeckt besser. Für einige duftende Blumen ist ebenfalls Platz.

Sobald die ersten schönen Frühlingstage da sind, ist es verlockend, in den Garten zu gehen und hart zu arbeiten. Widerstehen Sie dieser Versuchung. Die Natur hat es im Frühling auch nicht eilig. Früher wurden am 2. Februar Bohnen gesät, dann wartete man bis nach dem „Hornstrauchwinter" – denn der Blüte des Hornstrauchs im Frühling folgt meist eine Kälteperiode.

DIE RICHTIGE KLEIDUNG

Sie benötigen keinen Overall, wohl aber robuste, bequeme Stiefel und warme Kleidung. Nach einem alten Spruch braucht der Gärtner „einen eisernen Rücken mit einem Scharnier", weil er tragen, schieben und sich bücken muss. Wichtig ist, dass der Rücken warm bleibt. Wenn er schmerzt, helfen oft selbst gemachte Arzneien (siehe S. 152–155).

Im Garten können Sie sich entspannen; das ist eine seiner großen Vorzüge, den viele Gärtner leider übersehen. Gärten entstehen nicht über Nacht – die besten brauchen Jahre. Nehmen Sie sich also Zeit, ihren Garten zu genießen. Führen Sie ein hektisches Leben? Es lohnt sich, einige Minuten im Garten zu verbringen, wenn die Sonne aufgeht und der Tau verdunstet. Dann duften Kräuter und Blumen am stärksten, weil die ätherischen Öle in der Wärme verdampfen. Die ersten Insekten machen sich ans Werk und die Vögel werden aktiv. Jetzt spüren Sie, dass Ihr Garten Freude macht und die Arbeit sich lohnt.

GARTENHANDSCHUHE

Die richtige Ausrüstung macht die Gartenarbeit sicherer, einfacher und befriedigender.

VOLKSGLAUBEN

• „Überhole die Jahreszeit nicht" lautet ein alter, aber kluger Rat. Es bringt keinen Vorteil, früh zu säen und zu pflanzen – außer im Gewächshaus. Spätfröste lassen junge Pflanzen sterben, die im kalten Boden ohnehin nicht wachsen. Aus Samen, die im Haus zu früh gesät werden, entwickeln sich hochschießende Setzlinge mit schwachen Wurzeln, die auf warmen Gartenboden warten. Wenn Sie spät säen, holen die Pflanzen den Rückstand auf.

• Fangen Sie nicht mit zu vielen Arbeiten gleichzeitig an, denn sie können sie nicht beenden, wenn die Pflichten der Saison dazwischenkommen. Nur wenige Menschen können so viel Zeit im Garten verbringen, wie sie wollen. Setzen Sie also Prioritäten.

SIE BRAUCHEN NUR WENIGE WERKZEUGE,
DOCH DIESE KÖNNEN DIE GARTENARBEIT
BEQUEMER UND ANGENEHMER MACHEN.

Werkzeug

PREISWERTES WERKZEUG

„Narren und Weise brauchen Werkzeug."
Fangen Sie mit einem guten Spaten an, dann
besorgen Sie alles Weitere. Denken Sie daran,
dass einige wenige gute Werkzeuge besser
sind als viele schlechte. Beginnen Sie mit der
besten Grundausstattung, die Sie sich leisten
können, und warten Sie mit dem Rest, bis Sie
genau wissen, was Sie brauchen.

> **TIPP**
>
> Griffe nutzen sich schnel-
> ler ab als die Werkzeuge
> selbst.
> Holzgriffe halten länger,
> wenn Sie sie zweimal im
> Jahr mit Leinöl abreiben
> und nie im Regen stehen
> lassen.

SELBST GEMACHTES WERKZEUG

Ein erfinderischer Gärtner kann zahlreiche sichere, bequeme
und billige Werkzeuge selbst herstellen. Schlagen Sie galvani-
sierte Nägel in eine Holzlatte – und Sie haben einen Rechen.
Ein abgebrochener Besenstiel ist ein gutes Pflanzholz. Bringen
Sie Markierungen an, damit Sie wissen, wie tief das Loch wird.
Eine Hacke ist nützlich, doch ein Stück Schiefer oder ein altes
Metallblatt an einem Besenstiel oder Rohr erfüllen denselben
Zweck. Wenn Sie nicht gerne gebückt jäten, kaufen Sie eine
Handgabel mit langem Griff oder verlängern Sie den Griff Ihrer
Forke mit einem Rohr.

Wählen Sie Werkzeuge sorgfältig aus. Fangen Sie mit den wichtigsten an und bauen Sie Ihre Sammlung allmählich aus. Kaufen Sie das Beste, was Sie sich leisten können – oder improvisieren Sie.

TIPP

- Um kleines Werkzeug nicht im Garten zu verlieren, binden Sie farbige Schnur um den Griff und hängen es an einer Schlaufe auf.

- Lassen Sie den Rasenmäher über den Winter nicht auf Beton stehen; dort kann er feucht werden und rosten. Stellen Sie ihn auf Holzlatten.

WERKZEUG AUFBEWAHREN

Säubern Sie Werkzeuge gründlich, damit sie länger halten und keine Keime verbreiten. Schärfen Sie Ihren Spaten jedes Jahr und halten Sie ihn sauber, sodass er mühelos in den Boden oder Rasen eindringt.

Werkzeug aus Stahl reinigen Sie am besten in einer Sandkiste, die so tief ist, dass ein Spatenblatt hineinpasst. Mischen Sie ein wenig Mineralöl darunter. Jedes Mal nach der Arbeit stechen Sie das Blatt zum Reinigen und Einfetten in den Sand. Die Sandkiste ist mehrere Jahre verwendbar und Ihr Werkzeug sollte Jahrzehnte halten.

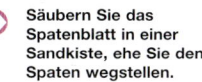

Säubern Sie das Spatenblatt in einer Sandkiste, ehe Sie den Spaten wegstellen.

VOLKSGLAUBEN

„Nimm im Haus den Spaten ab, sonst schaufelst du dein eigenes Grab."
Früher trug niemand Gartengeräte im Haus herum, da man glaubte, ihre scharfen Blätter würden den Wohlstand der Familie „beschneiden".
Auch ein Rechen, der mit den Zinken nach oben auf dem Boden lag, galt als böses Omen.
Schwarze Feldarbeiter in den USA glaubten, es bringe Unglück, eine Hacke über Nacht aufrecht stehen zu lassen. Hier hat der Aberglaube einen wahren Kern!

Sonne und Pollen

ARZNEI GEGEN HEUSCHNUPFEN

NICHTS IST SCHÖNER, ALS AN EINEM WARMEN, SONNIGEN TAG IM GARTEN ZU ARBEITEN. DOCH SONNE UND POLLEN KÖNNEN ZUM PROBLEM WERDEN.

Es macht keinen Spaß, mit einem Heuschnupfen im Garten zu arbeiten: Die Schleimhäute sind entzündet, die Nase läuft und die Augen tränen. Schuld daran sind im Frühling die Pollen von Bäumen, zum Beispiel die der Eiche (*Quercus* ssp.) und der Ulme (*Ulmus* ssp.), im Sommer die Gräserpollen, etwa die vom Breitwegerich, und im Herbst unter anderem die Pollen des Beifußblättrigen Traubenkrautes *(Ambrosia artemisiifolia)*.

Als ein altes Heilmittel gilt der Verzehr von Bienenwaben in winzigen Mengen. Sie enthalten Pollen, die von Bienen verdaut wurden und Allergiker allmählich immun machen sollen.

○ Pflücken Sie täglich frische Minze, füllen Sie die Blätter in einen Musselinbeutel und legen Sie diesen neben das Kopfkissen. Die Symptome klingen nach 2 bis 3 Wochen ab. Die Minze lindert auch Beschwerden der oberen Atemwege.

VOLKSGLAUBEN

Viele Menschen halten die Goldrute *(Solidago* ssp.) für die Hauptursache des Heuschnupfens.

Das stimmt nicht – diese Pflanze wird von Insekten befruchtet, nicht vom Wind.

Der Irrtum beruht wohl darauf, dass die Goldrute zur gleichen Zeit wie der eigentliche Sünder, das Traubenkraut, blüht, das zur selben Familie gehört.

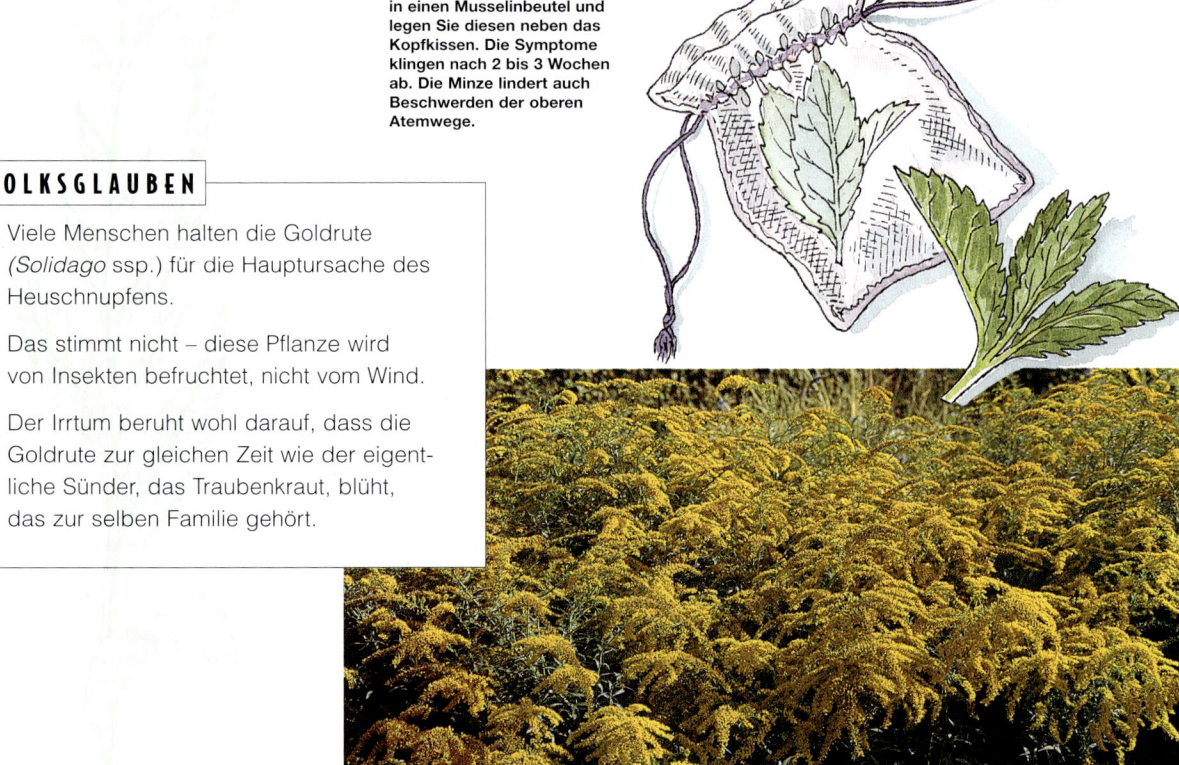

GOLDRUTE

ZITRONE

SONNENSCHEIN

Seit uralter Zeit gilt Sonnenlicht als Heilmittel. Die alten Ägypter badeten in flachen Becken im hellen Sonnenlicht. Heute wissen wir, wie gefährlich zu viel Sonne ist, und wir fürchten uns vor Hautkrebs. Doch vielleicht gehen wir dabei oft zu weit, denn wir brauchen das Sonnenlicht und es tut uns gut, solange wir vernünftig damit umgehen. Früher sah man keinen Gärtner ohne Hut und lange Ärmel. Folgen Sie diesem Beispiel und meiden Sie die Mittagssonne.

Beugen Sie einem Sonnenbrand vor. Tragen Sie in der Sonne einen Hut und ein Hemd mit langen Ärmeln.

PFLANZEN KÖNNEN INSEKTEN ANLOCKEN,
ABER AUCH ABSCHRECKEN. FOLGEN SIE
IHREM BEISPIEL – UND STECHENDE INSEKTEN
WERDEN SIE NICHT MEHR BELÄSTIGEN.

Insektenabschreckung

○ **Tragen Sie im Garten einen Kranz aus Walnussblättern, um Fliegen zu verscheuchen.**

PFLANZEN, DIE INSEKTEN ABSCHRECKEN

Es gibt viele pflanzliche Mittel, die Insekten abschrecken. Man nennt sie Repellents. Tragen Sie bei der Gartenarbeit einen Kranz aus Walnussblättern *(Juglans regia),* um Fliegen zu verscheuchen. Auch Thymian und Basilikum auf dem Fensterbrett vertreiben Insekten. In Spanien werden die klebrigen Wurzeln des Echten Atlants *(Inula helenium)* als Fliegenfalle ans Fenster gehängt.

KATZENMINZE

WASSERDOST

○ **Duftende Kräuter in Töpfen, etwa Thymian, vertreiben stechende Insekten.**

TIPP

• Streuen Sie Katzenminzblüten aufs Fensterbrett, damit Ameisen nicht ins Haus eindringen.

• Indianer vertrieben Wespen, indem sie Wasserdost *(Eupatorium purpureum)* verbrannten. Das ist jedoch nicht zu empfehlen, weil das Kraut als giftig gilt.

VOLKSGLAUBEN

In Frankreich war ein Walnussbaum einst so viel wert wie ein Morgen Land – nicht nur wegen der Nüsse und des Holzes, sondern auch weil er „Kühe und Pferde fett macht". Insekten scheuen den Geruch von Walnussblättern, sodass Tiere im Schatten der Bäume ruhen konnten.

- Die beste Verteidigung gegen Stechmücken sind Fledermäuse. Ein Tier vertilgt stündlich über 500 Mücken. Bieten Sie den Fledermäusen einen Unterschlupf in Ihrem Garten!

- Pressen Sie eine Zwiebelscheibe auf einen Insektenstich, um Schmerzen zu lindern und einer Schwellung vorzubeugen. Zwiebeln wirken kühlend und antiseptisch.

VOLKSGLAUBEN

In der Natur wächst das Gegenmittel oft neben dem Gift, etwa Sauerampfer neben Brennnesseln.

Zitronengras stammt aus dem Malariagebiet in Sri Lanka. Es duftet nach Zitrone und enthält die starken Antiseptika Geraniol und Zitronellol.

Das Öl der Collinsonie (Collinsonia canadensis) wird ebenfalls als Zitronelle verkauft, schreckt Insekten jedoch nicht ab.

IM FREIEN ESSEN

Es macht wenig Spaß, abends auf der Terrasse zu essen, wenn man dabei von Stechmücken geplagt wird. Notfalls müssen Sie am Abend im Haus bleiben – denn leider ist keine Pflanze stark genug, Stechmücken dauerhaft abzuschrecken.

Reiben Sie Arme, Beine und Hals mit einer Hand voll frischen Holunderblättern oder Lavendelstielen ab. Das wirkt etwa 20 Minuten; dann müssen Sie den Schutz erneuern. Kamille und Wermut wirken ebenso gut und Zitronengras ist einer der besten Insektenabschrecker.

BISSE UND STICHE

Mücken- und Wespenstiche werden mit Zitronensaft oder Apfelessig behandelt. Bienen lassen ihren Stachel zurück; er muss entfernt werden.

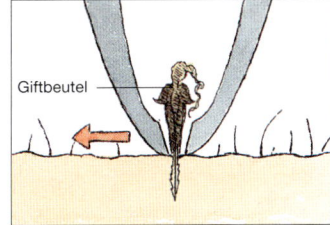

Giftbeutel

1. Schritt
Stachel mit einer Pinzette nahe der Haut ergreifen und entfernen. Nicht den Giftbeutel zerdrücken!

2. Schritt
Stichwunde mit Backpulver säubern.

3. Schritt
Lavendelstiele oder -blüten auf der Wunde verreiben. Lavendelöl ist zu stark und reizt die Haut.

Auch Brennnesselsaft ist eine gute Soforthilfe. Hamamelis (Hamamelis virginiana) gehört ebenfalls in die Hausapotheke, auch wenn sie in Ihrem Garten nicht wächst.

Positive Pflanzen

DIE ERSTEN GÄRTNER BAUTEN PFLANZEN NICHT ALS SCHMUCK ODER NAHRUNG AN, SONDERN WEIL SIE AN IHRE MAGISCHEN UND HEILENDEN KRÄFTE GLAUBTEN.

PFLANZEN GEGEN HEXEN

In jedem ländlichen Garten wuchsen einst Pflanzen, die Hexen und böse Geister vertreiben sollten, etwa der Lorbeerbaum (*Laurus nobilis*) – der „Baum der Engel" –, Johanniskraut und Vogelbeeren. Im Mai säumten englische Gärtner ihre Beete in den Morgenstunden – wenn Feen ihr Unwesen trieben – mit Zweigen von Vogelbeerbäumen und Birken (*Betula* ssp.).

STUDENTENBLUME

Geißblatt umrahmt die Tür vieler alter Häuser. Es vertreibt Gerüche und soll Glück bringen.

SYMBOLISCHE PFLANZEN

Geißblatt sollte Hexen, böse Geister und Fieber vertreiben. Es wurde neben die Haustür und neben den Stall gepflanzt, um das Vieh zu schützen. Auch war es ein Symbol weiblicher Liebe und sollte Liebenden Glück bringen. Eine ähnliche Wirkung hatte die Mistel, ein Symbol der Fruchtbarkeit und ein gutes Heilkraut. Manche Leute hängten das ganze Jahr über einen Mistelzweig ins Haus, damit die Liebe darin blieb.

Viele Pflanzen sollten die eheliche Harmonie fördern: „Myrte an jeder Seit verhindert Streit." Mädchen benutzten Studentenblumen und Rosmarin als Liebeszauber, und junge Männer glaubten, der Aronstab (*Arum maculatum*) mit seiner Phallusform locke hübsche Mädchen an.

VOLKSGLAUBEN

Einige Pflanzen sollten vor Gewittern schützen.
Dazu gehörten Hauswurz (*Sempervivum* ssp.) und Schöne Fetthenne (*Sedum spectabile*). Diese Pflanzen wachsen auf Dächern und haben stark gezähnte Blätter, die dem gezackten Blitz gleichen.

FINGERHUT

Der Fingerhut galt früher als Zauber- und Feenkraut. In Gärten auf dem Land wurde er als Schutz gegen böse Geister und Feenzauber angebaut. Wenn deutsche Bergleute im 19. Jahrhundert unter Tage gingen, trugen sie Fingerhüte als Talismane gegen böse Geister.

Der Fingerhut ist ein Heilkraut, aber er ist auch giftig und eignet sich daher nicht für die Hausapotheke. Seine wirksamen Bestandteile Digitoxin und Digoxin gehörten zu den Ersten, die chemisch isoliert wurden. Sie werden seit fast 200 Jahren als Herzstärkungsmittel verwendet.

HOLUNDERBLÜTEN

HOLUNDERBLÜTENSAFT

1. Schritt
2 oder 3 Holunderblütenstände unter fließendem Wasser sanft waschen und in einen großen irdenen Krug geben.

2. Schritt
2 große, ungewachste Zitronen waschen, in dünne Scheiben schneiden und mit 1 kg Zucker, 2 Esslöffel weißem Essig und 5 Liter kaltem Wasser in den Krug geben.

3. Schritt
Den Krug mit einem Baumwolltuch abdecken und die Mischung 24 Stunden an einem kühlen, dunklen Platz stehen lassen (etwa Fußboden der Speisekammer oder schattiger Schuppen).

4. Schritt
Mit einem feinen Sieb in Flaschen mit Schraubverschluss abseihen. Der Saft ist nach 10 Tagen trinkfertig und hält an einem kühlen Ort mehrere Monate. Offene Flaschen im Kühlschrank lagern.

HOLUNDER

Keine andere Pflanze wird in der nordeuropäischen Volksmedizin so häufig verwendet wie der Holunder. Er gilt seit Jahrhunderten als heilig und magisch, hatte aber auch eine dunkle Seite: Hexen konnten sich angeblich in einen Holunderstrauch verwandeln und brennender Holunder rief den Teufel herbei. Vielleicht wollte man so den Missbrauch dieses wertvollen Busches verhindern.

In einer alten Warnung vor Kindesmisshandlung hieß es: „Wird ein Kind mit Holunderruten geschlagen, siecht es dahin." Schlug man aber Kornfelder mit Holunderruten, schützte man sie vor Braunfäule; vielleicht schreckte der Geruch des Holunders Schädlinge ab. Holunderblätter wurden auf Fußböden und in Scheunen gestreut, um Flöhe zu vertreiben.

Der Holunder sagte auch die Jahreszeiten an: Der Sommer dauerte von der Holunderblüte bis zum Fallen der Beeren. Beeren, die am Johannistag (23. Juni) gepflückt wurden, sollten Kahlköpfigkeit kurieren, vor Hexerei schützen und dem Sammler Zauberkräfte verleihen.

Holunder ist als „Arznei des Landvolkes" bekannt; dennoch hat die Wissenschaft sich wenig mit seinen Heilkräften befasst. Fragen Sie also einen Arzt, bevor Sie sich selbst behandeln. Früher machte man bei Kopfweh, Wunden und Verstauchungen Umschläge mit Holunderblättern. Der Saft heilte die Haut und vertrieb Fliegen, der Tee half bei Halsentzündung, Fieber und Infektionen. Holunderbeeren wehrten Infektionen ab, Blüten und Rinde linderten Rheuma und Arthritis, und Holundersaft half bei Schlaflosigkeit und Depression.

EINIGE PFLANZEN SIND IM HAUS UND IM
GARTEN ÄUSSERST VIELSEITIG VERWENDBAR.

Weitere positive Pflanzen

In jedem alten Garten steht mindestens ein Apfelbaum *(Malus* ssp.**).** Er sorgt für Essen, Trinken, Gesundheit und Wohlstand.

ÄPFEL

Der Apfel ist in allen Kulturen ein Symbol der Fruchtbarkeit, des Wohlstands und der Verjüngung. Apfelbaumrinde ist ein uralter Talisman; eine gute Apfelernte versprach dem Bauern oder seinen Tieren Zwillinge. In Großbritannien trinkt man heute noch in der Neujahrsnacht den Apfelbäumen zu und singt ihnen Lieder vor, die ihnen Gesundheit und eine gute Ernte wünschen. Junge Apfelbäume wurden früher nicht abgeerntet, um sie nicht zu „entmutigen". Das ist durchaus sinnvoll, weil es dem Baum ermöglicht, sich auf das Wachstum zu konzentrieren.

VOLKSGLAUBEN

„Ein Apfel zum Abendbrot bringt den Arzt in Not." Äpfel galten schon immer als heilkräftig, die moderne Wissenschaft hat in ihnen sogar Krebs hemmende Substanzen entdeckt.

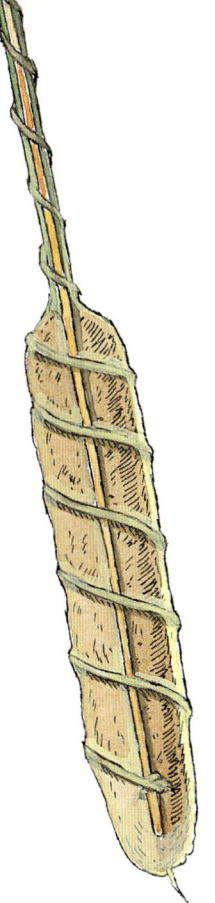

Binden Sie einen Rohrkolbenkopf fest an einen starken Stock und tauchen Sie ihn in Öl oder Wachs. Diese Fackel brennt bis zu 30 Minuten.

ROHRKOLBEN

Der Rohrkolben *(Typha* ssp.) stand bei den Indianern in hohem Ansehen. Sie aßen die Blütenköpfe wie Mais und streuten die Schösslinge in Suppen. Aus Pollen und Wasser formten sie Kuchen, die sie in Rohrkolbenblätter wickelten und in Kohlen buken. Die Blütenstiele wurden als Pfeile verwendet und die stärkereiche Wurzel war ein wichtiges Lebensmittel, das nahrhaft und jederzeit verfügbar war; die Wurzelstärke linderte auch Verbrennungen. Die Pollen wurden auf Wunden gestreut, um Blutungen zu stillen, und als Babypuder verwendet.

ROHRKOLBEN

TIPP

Wenn Sie Salweiden *(Salix caprea)* sammeln, sollten Sie die Äste möglichst lange in eine Vase stellen. Mit dem Wasser gießen Sie Setzlinge – es enthält Indolbuttersäure, die das Wurzelwachstum fördert.

TIPP

Aus den Stielen und Blättern des Rohrkolbens können – ebenso wie aus Schilf *(Phragmites* ssp.) – Dachstroh, Körbe und Matten hergestellt werden. Sammeln Sie sie, wenn sie ihre volle Größe haben, trocknen Sie sie an einem luftigen Ort und weichen Sie sie vor Gebrauch ein, damit sie geschmeidig werden.

ABSORBIERENDER FLAUM

Die weichen, reifen Samenköpfe des Rohrkolbens liefern viel Flaum. Früher wurden sie im Saft von Heilkräutern eingeweicht, zum Beispiel Schafgarbe, Minze oder Indianernessel *(Monarda* ssp.), und zur Wundbehandlung verwendet. Indianer machten aus ihnen Windeln, und im Zweiten Weltkrieg stopfte man damit Schlafsäcke aus. Die Samenköpfe werden im Spätsommer gesammelt, aufgebrochen und gründlich getrocknet.

SALWEIDE

HUNDERTE VON GARTENPFLANZEN WERDEN SEIT JAHRTAUSENDEN ALS HEILPFLANZEN VERWENDET. FRAGEN SIE JEDOCH VOR JEDER SELBSTBEHANDLUNG IHREN ARZT.

Heilpflanzen

ROTER IGELKOPF

Der Rote Igelkopf *(Echinacea purpurea)* war eines der wichtigsten Heilkräuter der Indianer. Sie behandelten damit Wunden, Verbrennungen, Stiche, Kopfschmerzen, Magenschmerzen, Husten und Infektionen. Die Wurzel wurde gekaut, um Schmerzen zu lindern, und eine Blütenpaste wirkte äußerlich schmerzstillend und antiseptisch. Heute wird dieses natürliche Antibiotikum verwendet, um das Immunsystem anzuregen und Infektionen, Pilzkrankheiten, Entzündungen und Allergien zu behandeln. Es ist eines der wenigen Kräuter, das die Genesung nach Virusinfektionen fördert.

GETROCKNETER ROTER IGELKOPF

ROTER IGELKOPF

TIPP

Legen Sie zerdrückte Igelkopfblätter auf Stich- oder Bisswunden. Sie wirken wie ein leichtes lokales Betäubungsmittel.

JOHANNISKRAUT

Dem Johanniskraut wurden früher im ländlichen Europa magische Kräfte zugeschrieben. Am Johannistag (23. Juni) hängte man die Blüten an Türen, um böse Geister abzuwehren. Ein Zweig sollte verhindern, dass Milch sauer wurde, und ein Zweig am Kleid eines Mädchens oder an der Weste eines Mannes verhieß Glück und Wohlstand. Außerdem wurden Husten, Verstauchungen, Muskelschmerzen, Gelenkentzündungen und Wunden damit behandelt.

Das Hyperizin im Johanniskraut lindert Depressionen und verstärkt die Wirkung der Neurotransmitter im Gehirn. Es vernichtet Bakterien und Pilze und kann nach neueren Studien sogar Krebs hemmen. Wegen seiner gelben Blüten hieß es einst „Sonnenkraut". Allerdings macht es die Haut empfindlicher gegen die Sonne.

Früher wurde am 23. Februar Johanniskraut als Talisman an die Tür gehängt.

KNOBLAUCH

Knoblauch *(Allium sativum)* darf in keinem Garten fehlen. Ihm wurden schon immer Zauberkräfte und starke Heilkräfte zugeschrieben. Bereits 1500 v. Chr. galt er als Stärkungsmittel und Gegengift und wird bis heute als Allheilmittel verwendet.

Bevor es Antibiotika gab, wurden Infektionen – von der Tuberkulose bis zum Typhus – mit Knoblauch behandelt. Das Allicin in den Knollen tötet Bakterien, Viren, Pilze und Parasiten. Knoblauch wirkt aber nur, wenn man ihn roh isst.

VOLKSGLAUBEN

Früher wurde eine Schale mit Zwiebelscheiben unter Krankenbetten gestellt, damit sie die Krankheit „herauszogen".

Die Zwiebel hemmt in der Tat Entzündungen und Infektionen, kann aber eine ärztliche Behandlung nicht ersetzen.

TIPP

Heilkräuter wie Basilikum und Minze schmecken auch im Salat. Kerbel, Petersilie und Estragon sind ebenfalls Salatkräuter (siehe S. 147).

- Kauen Sie Pfefferminze oder Petersilie, damit Sie nicht zu sehr nach Knoblauch riechen.

- Pflanzen Sie Traubensilberkerzen neben die Haustür, um Fliegen zu verscheuchen.

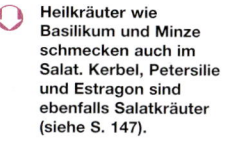

TRAUBENSILBERKERZE

TRAUBENSILBERKERZE

Die Traubensilberkerze *(Cimicifuga racemosa)* ist ein altes indianisches Heilkraut. Es wurde auch „Squaw-Kraut" genannt, weil es Entbindungen erleichterte und bei Frauenbeschwerden half; Neuralgie wurde ebenfalls damit behandelt. Die Pflanze enthält Anemonin, das die Nerven beruhigt und Schmerzen lindert, sowie entzündungshemmende Salizylate.

DIE NATUR HAT
HUNDERTE VON
ARZNEIEN ZU BIETEN
– PFLANZEN SIE
EINIGE DAVON IN
IHREM GARTEN AN.

Weitere Heilpflanzen

SCHAFGARBE

Die Schafgarbe (*Achillea
ssp.*) ist nach Achilles benannt, der damit seine ver-
wundeten Krieger behandelte.
Sie enthält das zusammen-
ziehende Tannin und die
antiseptische Salizylsäure.
Einige Menschen reagieren
allerdings allergisch auf
Schafgarbe.

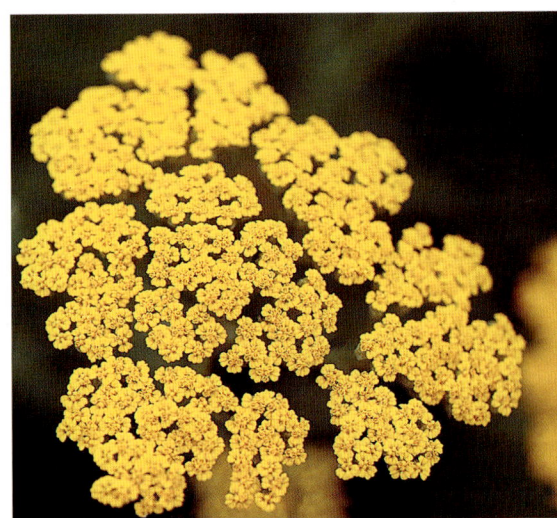

SCHAFGARBE

TIPP

- Blühende Schafgarbe
  ist am wirksamsten.
  Sie muss aber völlig
  sauber sein, ehe Sie sie
  auf eine Wunde legen –
  sonst droht eine Ent-
  zündung.

- Es tut gut, an einem
  sonnigen Tag neben
  einem Lavendelbusch
  zu sitzen. In der Sonne
  sondert er ätherische
  Öle ab, die entspan-
  nend wirken.

PFEFFERMINZE

Die Pfefferminze (*Mentha piperita*) gehört in jeden Garten. Ihr Tee
fördert die Verdauung; dem Kraut wird nachgesagt, dass es Mäuse
und Insekten vertreibt, Bienen an ihren Stock bindet, wenn man ihn
damit einreibt, und Milch frisch hält. Die Minze gilt auch als Aphrodisiakum und, in Essig eingeweicht, als Mittel gegen Zahnschmer-
zen. Ihr Öl tötet Bakterien, Viren und Pilze.

RINGELBLUME

Die Gartenringelblume (*Calendula officinalis*) galt einst als magisches Kraut, das die Sehkraft schärfen und einen Liebeszauber
verstärken sollte. Ein Kräuterbuch aus dem 12. Jahrhundert sagt,
man brauche die Blume nur anzusehen, um bessere Augen und
einen klaren Kopf zu bekommen. Das Öl der Pflanze vernichtet
Bakterien und Viren und heilt die rissigen Hände des Gärtners
(siehe S. 149).

LAVENDEL

RAINFARN

Diese Blume empfiehlt das Landvolk seit Jahrhunderten gegen Kopfschmerzen, Ohrenschmerzen und stechende Insekten sowie bei Frauenbeschwerden. Verwenden Sie Rainfarn aber nicht, wenn Sie schwanger sind, stillen oder zu Hautausschlägen neigen, denn er enthält Allergene. Fragen Sie also einen Arzt, bevor Sie sich selbst behandeln.

Kauen Sie drei oder vier getrocknete Blätter, um Migräne zu lindern; sie hemmen die Bildung von Serotonin, das möglicherweise Migräne auslöst.

RAINFARN

Mit Zitronenmelisse *(Melissa officinalis)* wurden schon im 15. Jahrhundert Wunden behandelt. Ihr Öl raubt Keimen den Sauerstoff.

GINKGOBLATT

BRENNNESSEL

Reißen Sie nicht alle Brennnesseln im Garten heraus. „Äßen sie Nesseln im März und Beifuß im Mai, ginge der Tod an vielen Mädchen vorbei." Brennnesseln *(Urtica* ssp.) sind sehr nahrhaft und enthalten viel Vitamin A und C sowie Mineralien. Die Russen peitschten sich früher mit Nesseln, um die Durchblutung der Haut zu verbessern, und die Römer linderten damit ihr Rheuma im kalten, feuchten Britannien. Als Tee hilft das Kraut bei Husten, Erkältungen und Lungenentzündung. Der Saft lindert, äußerlich angewandt, Stiche, Bisse, Ausschläge und Nasenbluten.

SCHMUCKBLUMEN WURDEN FRÜHER NUR GESÄT, WENN SIE
NÜTZLICH WAREN – ZUERST KAMEN NAHRUNGS- UND HEIL-
PFLANZEN. OFT WURDE DAS EINE MIT DEM ANDEREN VERBUNDEN.

Küchenkräuter

WILDPFLANZEN

Jedes Gemüse war einst eine wilde Pflanze und einige
Nahrungspflanzen wachsen heute noch außerhalb des Gartens.
Löwenzahnblätter sind vitaminreich, Brombeeren enthalten Ballaststoffe,
Hagebutten beinhalten viel Vitamin C. Einige der ersten Gartenpflanzen
waren Kräuter, die seit Jahrtausenden in der Küche verwendet werden.

ROSMARIN

Rosmarin ist ein vorzügliches Gewürz für Fleischgerichte, Gemüse und Getränke.
Auf dem Land glauben viele Leute heute noch, dass sie immer Freunde haben
werden, solange Rosmarin im Garten wächst – allerdings wächst er angeblich
nur dort, wo die Frau die Hosen anhat. Er war ein magisches und heiliges Kraut
und man glaubte, seine Blüten seien einst weiß gewesen. Erst als Maria die
Kleider des Jesuskindes zum Trocknen auf einen Rosmarinbusch gelegt habe,
seien die Blüten blau geworden.

SALBEI

„Ein langes Leben schenkt der Salbei dem, der ihn isst, im Mai."
Dieses Kraut gilt seit Jahrhunderten als Verjüngungsmittel und
ist in der Küche und der Hausapotheke zu
finden. Da es den Appetit anregt
und die Verdauung fördert, wird
es zu schweren Speisen gegessen. Außerdem ist es ein
Glücksbringer: „Wenn der
Salbei gedeiht, wächst
der Wohlstand."

TIPP

Löwenzahnblätter sind
bitter, außer sie werden
vor der Blüte bei kühlem
Wetter gepflückt.
Streuen Sie junge Blätter
in Salate oder Suppen.
Wenn sie bitter sind,
wechseln Sie das Koch-
wasser ein- oder zweimal.

VOLKSGLAUBEN

Im Vergleich zum üblichen Gemüse ist
Löwenzahn erstaunlich nahrhaft. Er enthält
viel Vitamin A, B und C sowie Kalzium,
Chlor, Kupfer, Eisen, Phosphor, Kalium,
Magnesium, Kieselsäure und Schwefel.

SALBEI

Pflanzen Sie Küchenkräuter möglichst nahe an die Küche, damit sie immer zur Hand sind.

SCHNITTLAUCH

SCHNITTLAUCH

Dieses Mitglied der Lauchfamilie *(Allium schoenoprasum)* ist leicht anzubauen und hält Schädlinge von Rosen fern. Schnittlauch schmeckt in Salaten, zum Käse und zu Eierspeisen, und er tötet Bakterien und Viren. Wer früher Keuchhusten hatte, aß 4 Tage lang Brot, das dick mit Schnittlauch bestreut war.

DILL

Dill hat schöne, federartige Blätter. Er ist ein gutes Gewürz für Fischspeisen, Pickles und Essig. Früher galt er als Schutz vor Hexen. Die ersten amerikanischen Siedler kauten Dill- und Fenchelsamen während ihrer Gottesdienste, um Hunger und Langeweile zu vertreiben.

Traditionelle Küchenkräuter auf einen Blick

Angelika: Blätter in Obstdesserts und Fischgerichten, Stiele und Wurzeln kandiert

Basilikum: Mittelmeerküche, zu Tomaten, im Pesto

Bohnenkraut: zu Bohnen, in Kohlgerichten

Dill: zu Fisch- und Eierspeisen

Estragon: in Salaten, zu Eiern, Huhn, Lamm

Fenchel: in Kohlgerichten

Kerbel: in Eierspeisen, Suppen, Salaten

Lorbeer: in Suppen, Brühen, Eintöpfen

Liebstöckel: in Suppen, Brühen, Eintöpfen, zu Huhn, Hammel, Fisch

Majoran: zu Fleisch, Gemüse

Meerrettich: in Soßen, Essig, zu Rindfleisch, Fisch

Petersilie: Butter- und Soßengewürz, im Salat, zum Garnieren

Pfefferminze: in Aspik, dunkler Schokoladensoße, mit Lamm

Rosmarin: mit Lamm, Röstkartoffeln, Fisch, als Gewürz

Salbei: zu Fleisch, mit Zwiebeln als Gewürz

Schnittlauch: zu Käse, Eiern, im Kartoffelsalat

Thymian: in allen würzigen Speisen, mit Zitronen und Orangen

Ländlicher Kräuteressig

500 ml Weißweinessig
4 große Zweige Minze, Estragon, Basilikum, Thymian, Fenchel, Dill oder Rosmarin (oder 4 geschälte Knoblauchzehen)

Zwei Kräuterzweige in die Essigflasche stecken und das Ganze 2 Wochen an einem sonnigen Platz stehen lassen. Dann die alten Zweige durch frische ersetzen und den Essig wiederum 2 Wochen stehen lassen.

AUF DEM LAND HABEN GÄRTNER IHRE
KRÄUTER IMMER ALS ARZNEIEN VERWENDET.
FOLGEN SIE IHREM BEISPIEL UND BEREITEN
SIE EINFACHE HEILMITTEL SELBST ZU.

Kräuter und Blüten zubereiten

KRÄUTER IN ÖL

1. Schritt
Kräuter in ein großes
Gefäß geben.

2. Schritt
Das Gefäß bis zum
Rand mit Bio-Sonnen-
blumenöl auffüllen und
zudecken.

3. Schritt
Nach 5 Tagen das Öl
durch ein Musselin-
tuch in eine Schüssel
abseihen.

4. Schritt
Das restliche Öl mit
den Händen heraus-
pressen; dann die
Kräuter wegwerfen.

5. Schritt
Das Gefäß erneut mit
Kräutern und dem
abgeseihten Öl füllen.
Den Vorgang zweimal
wiederholen, dann das
fertige Öl in Flaschen
gießen; verschlossen,
kühl und dunkel lagern.

KRÄUTER UND BLÜTEN SAMMELN

Sammeln Sie Kräuter und Blüten morgens bei trockenem Wetter, bevor die
ätherischen Öle in der Sonne verdampfen. Breiten Sie die Pflanzen an einem
luftigen Platz zum Trocknen aus. Blüten legen Sie auf einen Rahmen (siehe
S. 84), Kräuter können Sie auch mit den Köpfen nach unten aufhängen, damit
die Öle in die Blätter fließen. Wenn Sie getrocknete Pflanzen in luftdichten
Gläsern lichtgeschützt aufbewaren, halten sie mehrere Monate. Viele Kräuter
eignen sich nicht als Tee; informieren Sie sich also vor jeder Anwendung gut.

AUFGÜSSE UND TEES

Kräuter niemals kochen. Für einen Tee gießen Sie 550 ml kochendes Wasser
über einige frische Kräuter und lassen sie 10 Minuten ziehen; dann abseihen.
Für Aufgüsse nehmen Sie dreimal so viel Kraut und lassen es 30 Minuten
ziehen.

ABKOCHUNGEN

Kochen sollten Sie nur Rinde und Wurzeln. Mahlen
Sie die Zutaten, gießen Sie Wasser hinzu und
lassen Sie das Ganze 10 Minuten zugedeckt
sieden. Den Sud heiß abseihen.

TIPP

Für Umschläge tauchen
Sie Baumwolle in eine
heiße Abkochung oder
einen Aufguss. Eine
Wärmflasche hält den
Umschlag länger warm.

GETROCKNETE
BLÜTEN

SIRUP

500 g Honig oder 360 g
Zucker mit 550 ml
Aufguss oder Ab-
kochung vermischen und
das Ganze erhitzen, bis der
Süßstoff aufgelöst ist. Dann
kühlen, in Flaschen füllen und
im Kühlschrank aufbewahren.

KRÄUTER UND BLÜTEN IN ÖL

Für Öle, auch zum Einreiben, werden dieselben Anteile Kraut
und Flüssigkeit genommen wie für Tees oder Aufgüsse. Früher
verwendete das Landvolk das leicht erhältliche Schweine-
schmalz – heute ziehen wir Bio-Sonnenblumenöl vor. Füllen Sie
Öl und Kraut in eine Glasschüssel und erhitzen Sie die Mischung etwa 3 Stunden lang behutsam im Wasserbad; dann
abseihen und in verschlossenen Flaschen an einem dunklen,
kühlen Platz aufbewahren.

EINE SALBE HERSTELLEN

Für Salben und Cremes weicht man Kräuter in Öl auf und fügt
Wachs hinzu. Die Indianer verwendeten Fett – heute bevorzugen
wir kalt gepresstes Olivenöl.

1. Schritt
550 ml Olivenöl und
50 ml Wachs in ein
hitzefestes Gefäß
geben.

2. Schritt
Frische Kräuter hin-
zufügen; sie sollten
vollständig vom Öl
bedeckt sein.

3. Schritt
Das Ganze im Wasser-
bad einige Stunden
erhitzen. Dann durch
ein Musselintuch
abseihen.

4. Schritt
Das Kräuteröl in Gläser
gießen und diese ver-
schließen. An einem
kühlen Ort aufbewah-
ren; das Öl wird schnell
fest. Nach dem Öffnen
im Kühlschrank lagern.

TIPP

Nehmen Sie für Cremes
und Salben kein Paraffin,
sondern Bienenwachs.
Es absorbiert mehr Kräu-
terwirkstoffe, weil es sich
langsamer auflöst, und die
Creme wird glatter, wohl-
riechender und konzen-
trierter.

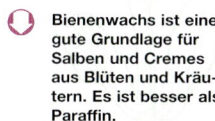

Bienenwachs ist eine
gute Grundlage für
Salben und Cremes
aus Blüten und Kräu-
tern. Es ist besser als
Paraffin.

VOLKSGLAUBEN

Die Aromatherapie, die
ätherische Öle aus Pflanzen
verwendet, ist ziemlich neu,
doch sie basiert auf uralten
Bräuchen.

Duftstoffe waren für das Landvolk
ebenso wichtig wie für die Reichen.

Vor den Häusern oder auf dem Fensterbrett
wuchsen duftende Pflanzen, etwa Geißblatt,
Flieder, Myrte und Rosmarin.

Das war notwendig, um alltägliche Gerüche
zu überlagern und um die Stimmung zu
heben.

ROSMARIN

GESUNDE TEES UND SÄFTE

GEGEN UNWOHLSEIN KÖNNEN SIE KRÄUTER
IM GARTEN PFLÜCKEN UND DARAUS EINFACHE TEES
UND SIRUPS ZUBEREITEN.

Sirups gegen Husten und Erkältung

Andorn *(Marrubium vulgare)*
Lanzen-Eisenkraut
(Verbena hastata)
Ysop *(Hyssopus officinalis)*
Indianernessel *(Monarda fistulosa)*
Holunder
Thymian bei trockenem Husten

Die Indianer stellten Hustensirups
aus Andorn und Kiefernrinde her.
Um sich zu entgiften,
gingen sie in Schwitzhütten und
atmeten den Duft von Heilkräutern
ein, etwa den des Wacholders.
In Nordeuropa ist die Sauna
ein Allheilmittel; dort legt man
auch Kiefernzweige auf die Kohlen, um verstopfte Atemwege
zu befreien.

GARTENMELISSE

Tees gegen Husten, Schnupfen und Grippe

Lindenblüten *(Tilia* ssp.)
Ysop
Holunder
Schafgarbe
Katzenminze
Thymian

Holunderwasser ist eine irische
Arznei aus dem 19. Jahrhundert:
500 g reife Holunderbeeren und
120 g Zucker in einer Flasche
Whisky ziehen lassen und vor dem
Zubettgehen etwas von der
Mischung mit heißem Wasser
trinken. Es soll in 3 Tagen einen
Schnupfen vertreiben.

Sie können Kräutertee auch in der Kanne bereiten und dann direkt in eine Tasse abseihen.

Tees gegen Kopfschmerzen

Mutterkraut *(Tanacetum parthenium)*
Passionsblume *(Passiflora incarnata)*
Rosmarin
Verbene
Lavendel

PASSIONSBLUME

Tees gegen Infektionen

Roter Igelkopf
Lavendel
Johanniskraut
Holunderblüten

JOHANNISKRAUT

LIMONE

Tees gegen Verspannungen und Stress

Lavendel
Zitronenmelisse
Lindenblüte
Johanniskraut

Tees gegen schlechte Durchblutung

Gewöhnlicher Schneeball
(Viburnum opulus)
Angelika (Angelika archangelica)
Wilder Storchschnabel
(Geranium maculatum)
Buchweizen

ANGELIKA

Tees gegen Arthritis und Rheuma

(regelmäßig trinken)
Märzveilchen (Viola odorata)
Nachtkerze (Oenothera biennis)
Rosmarin
Roter Igelkopf

Tee gegen Heuschnupfen und Allergien

(zweimal täglich trinken)
Brennnessel
Holunderblüten

Tees gegen Verdauungsstörungen

Pfefferminze
Dill
Kamille
Zitronenmelisse

Lassen Sie frische Blätter in heißem Wasser ziehen. Dies ist der einfachste Kräutertee.

KÜRBISBLÜTE

Stärkende Tees

Kürbisblüten (Cucurbita moschata)
Zitronenmelisse

Kürbisblütentee ist ein traditionelles Tonikum, das viele Vitamine und Mineralien enthält.

Die ersten amerikanischen Siedler tranken Rosentee zur Magenberuhigung und Fiebersenkung.

Schlaftees

Kamille
Kopfsalat
Baldrian
Passionsblume

GEGEN FAST ALLE BESCHWERDEN IST EIN KRAUT GEWACHSEN. JEDER GÄRTNER SOLLTE EINIGE KRÄUTER IN SEINER HAUSAPOTHEKE HABEN – ZUBEREITUNG UND ANWENDUNG SIND GANZ EINFACH.

Erste Hilfe für Gärtner

RINGELBLUMENSALBE

Ringelblumensalbe gehört in jede Hausapotheke. Sie beugt bei Schnitt- und Schürfwunden einer Entzündung vor und heilt rissige Haut im Winter. Sie brauchen 550 ml Öl, 50 g Bienenwachs, 1 Hand voll Ringelblumenblüten. Das Wachs mit dem Öl in einer Schüssel zum Schmelzen bringen, die Blüten einrühren. Das Ganze etwa 2 Stunden erhitzen, rasch in Gläser füllen und verschlossen an einem kühlen, dunklen Platz aufbewahren.

BEINWELLSALBE

Das Rezept entspricht dem der Ringelblumensalbe, hier nehmen Sie jedoch 2 Hand voll Beinwellblätter *(Symphytum officinale)*. Diese entzündungshemmende Salbe ist das beste Mittel bei Blutergüssen und Prellungen, sofern die Haut nicht aufgeplatzt ist.

VOLKSGLAUBEN

Mit Beinwellumschlägen behandelte man früher Knochenbrüche.
Beinwellbäder waren einst vor der Heirat beliebt, weil sie angeblich die Jungfräulichkeit wiederherstellten.

HAMAMELIS (ZAUBERNUSS)

KAMILLENLOTION

Diese Lotion lindert Juckreiz, Sonnenbrand, Stich- und Bisswunden. Träufeln Sie einige Tropfen Kamillenöl in einen starken Aufguss (siehe S. 148) aus Hamamelis oder bereiten Sie eine Salbe wie bei der Ringelblume beschrieben zu.

ROSMARINSALBE

Nur wenige Gärtner tragen bei der Arbeit immer Handschuhe.
Rosmarinsalbe schützt die Hände vor und nach der Gartenarbeit.

1. Schritt
4 Hand voll frische
Rosmarinschöss-
linge hacken.

2. Schritt
Salbe wie üblich
zubereiten (siehe
S. 149).

3. Schritt
Die Mischung fest
werden lassen,
dann erneut
erhitzen. In Gläser
abseihen, diese
verschließen und
an einem kühlen,
dunklen Platz
aufbewahren.

EUKALYPTUS

EUKALYPTUSSALBE

Eine Salbe aus pulverisierten Eukalyptusblättern *(Eucalyptus
gunii)* lindert Schmerzen bei Verstauchungen. Eukalyptusöl hilft
bei Krämpfen und Rheuma. Sie können auch Holunder- oder
Beinwellblätter auf die schmerzende Stelle legen, wenn die
Haut nicht offen ist.

NAGELBAD FÜR GÄRTNER

Schachtelhalm stärkt und heilt verletzte
Nägel. Er enthält viel Kieselsäure.

1. Schritt
2 Esslöffel gehack-
ten Schachtelhalm
in einen Topf aus
rostfreiem Stahl
geben. 1 Tasse
kochendes Wasser
hinzufügen.

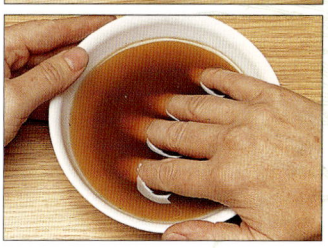

2. Schritt
Das Ganze eine
halbe Stunde zie-
hen lassen, dann
in eine Schale
abseihen.

3. Schritt
Die Fingernägel
10 Minuten in der
Lösung baden.

TIPP

Um einen Splitter oder
Dorn herauszuholen,
machen Sie eine Salbe
aus Vogelsternmiere; oder
Sie zerdrücken das Kraut
auf der Wunde und lassen
es einige Stunden liegen.

Verbinden Sie ein verstauchtes
Gelenk mit frischem Beinwell oder
Holunderblättern. Gehen Sie zum
Arzt, wenn die Schmerzen nach
4 Stunden nicht nachlassen.

SCHMERZEN KÖNNEN IHNEN DIE GARTENARBEIT VERLEIDEN. HALTEN
SIE ALSO SELBST GEMACHTE ARZNEIEN GRIFFBEREIT.

Mehr Erste-Hilfe-Tipps

RÜCKENBESCHWERDEN

Rosmarin lindert Rückenschmerzen nach harter Gartenarbeit.
Machen Sie mit 3 Hand voll Rosmarin-Blütenstielen und 550 ml
Wasser einen Aufguss (siehe S. 148) und gießen Sie diesen in
ein warmes Bad. Wenn Sie dann noch einen Zweig unters Kopf-
kissen legen, verspricht Ihnen der Volksglauben angenehme
Träume. Schmerzende oder entzündete Gelenke reiben Sie mit
Rosmarinöl ein.

MASSAGEÖL GEGEN RHEUMA

Wenn Sie an feuchten Tagen Ihr Rheuma spüren, hilft eine entspannende Birkenmassage. Sie
stimuliert, entschlackt und lindert Schmerzen,
Stress und Müdigkeit. Geben Sie Blätter der
Hängebirke *(Betula pendula)* in ein großes, ver-
schließbares Glas und füllen Sie es mit Öl auf.
2 Wochen an ein sonniges Fenster stellen und
dann abseihen. Das Öl über frische Blätter
gießen und diese ebenfalls 2 Wochen ziehen
lassen. Das Ganze durch ein Musselintuch
abseihen und im Kühlschrank aufbewahren.

ARTHRITISÖL

Nach demselben Verfahren können Sie ein
Massageöl aus Rindenstücken der Silberweide
(Salix alba) herstellen, um Entzündungen und
Schmerzen bei Arthritis zu lindern. Reiben Sie
schmerzende Stellen morgens und abends
damit ein.

> **TIPP**
>
> Aus den Blütenblättern
> der Rose können Sie nach
> dem Rezept auf S. 149
> eine Lippensalbe fertigen.
> Verwenden Sie aber nur
> ein Viertel der genannten
> Mengen.

HÄNGEBIRKE

RÜCKENMASSAGE

Der obere Rücken neigt zu Verspannungen, die
eine Ölmassage lindern kann. Hören Sie auf,
wenn der Fingerdruck starke Schmerzen auslöst.

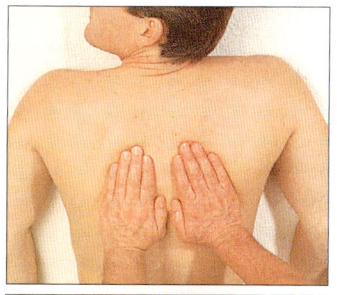

1. Schritt
Eingeölte Hände
neben die Wirbel-
säule (nicht auf sie)
legen. Die Finger
zeigen nach oben.
Drücken und
langsam nach
oben bewegen.

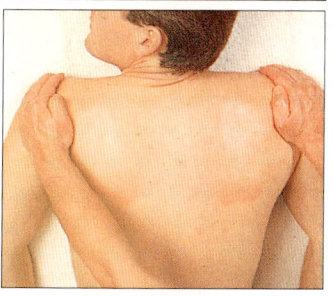

2. Schritt
Dann die Hände
nach außen zu den
Schultern hin
bewegen. Zum
Schluss die
Schultern in die
Hände nehmen
und massieren.

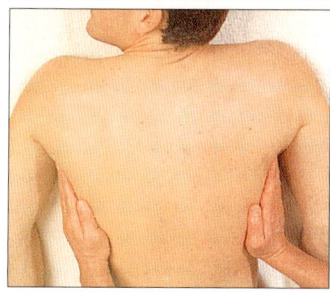

3. Schritt
Den Druck ver-
ringern. Mit Hand-
flächen und Fingern
an den Seiten des
Rumpfs nach unten
streichen. Dann die
gesamte Massage
wiederholen. Die
Hände bei Bedarf
neu einölen.

ENTSPANNENDE FUSSBÄDER

Stellen Sie Ihre Füße 10 Minuten in ein Bad,
das 275 ml starken Aufguss enthält. Geeignet
sind Lavendel, Lindenblüten, Rosmarin, Pfefferminze, Thymian, Beifuß *(Artemisia vulgaris)*
oder eine Mischung nach Wahl.

WÄRMENDE FUSSBÄDER

Geben Sie einen halben Esslöffel Cayenne-
pfeffer in ein heißes Fußbad, um kalte Füße
aufzuwärmen.

WUNDEN

Schnittwunden reinigen Sie mit einem Aufguss aus Schafgarbe
oder Ringelblumen. Die Ringelblume brennt etwas, ist jedoch
ein sehr gutes Antiseptikum.

DURCHBLUTUNGSSTÖRUNGEN, KRÄMPFE

Schaben Sie ein wenig Rinde des Gewöhnlichen Schneeballs
ab (ohne den Baum zu beschädigen) und bereiten Sie daraus
eine Abkochung.

ERKÄLTUNGSSALBE

Die Indianer machten Feuchtigkeitscreme aus den Knospen
der Amerikanischen Espe *(Populus tremuloides),* die sie in Fett
kochten. Sie können auch Eukalyptusblätter in einem kleinen
Glas mit Olivenöl ziehen lassen und dann einige Tropfen davon
unter der Nase oder auf der Brust einreiben, um eine Ver-
schleimung zu lindern.

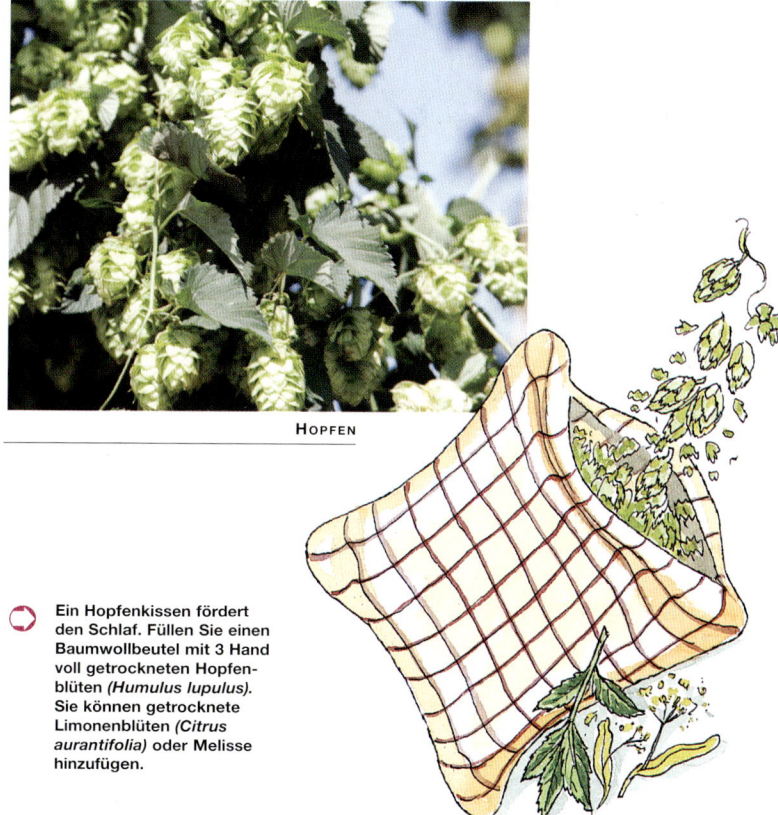

HOPFEN

Ein Hopfenkissen fördert
den Schlaf. Füllen Sie einen
Baumwollbeutel mit 3 Hand
voll getrockneten Hopfen-
blüten *(Humulus lupulus).*
Sie können getrocknete
Limonenblüten *(Citrus
aurantifolia)* oder Melisse
hinzufügen.

Kosmetika

VIELE KRÄUTER

UND BLÜTEN AUS

IHREM GARTEN

UNTERSTÜTZEN SIE

BEI DER HAUT- UND

INTIMPFLEGE.

Kosmetika aus dem Garten schonen die Haut. Einige Pflanzen brauchen Sie nicht einmal zuzubereiten. Sie können sich zum Beispiel mit Stielen des Klettenlabkrauts *(Galium aparine)* einreiben – es ist ein unbedenkliches Deodorant. Salbeiblätter säubern die Zähne und Gurkensaft erfrischt und strafft die Haut.

FRAUENMANTEL

FÜR DIE DAME

Der Frauenmantel strafft die Haut und wurde schon im Mittelalter zur Schönheitspflege benutzt. Die Frauen glaubten, Blätter mit Morgentau seien besonders wirksam – immerhin konnten sie der Sage nach unedles Metall in Gold verwandeln!

Kräuter und Blüten für die Hautpflege

Eibisch *(Althaea officinalis):* lindernd
Holunderblüten: lindernd
Märzveilchen: lindernd
Borretsch: lindernd
Beinwell: lindernd
Ringelblume: zusammenziehend
Rainfarn: zusammenziehend
Hamamelis: zusammenziehend
Schachtelhalm: zusammenziehend
Frauenmantel: zusammenziehend
Thymian: straffend, erfrischend
Schafgarbe: straffend, erfrischend
Kamille: kühlend, entzündungshemmend
Lavendel: antiseptisch, belebend

TIPP

Getrocknete Thymianblätter ergeben, mit Salz vermischt, ein antiseptisches Pulver für die Zahnpflege. Auch getrocknete Salbeiblätter sind geeignet; in einem verschlossenen Gefäß aufbewahren.

BORRETSCH

VOLKSGLAUBEN

Um Sommersprossen zu beseitigen, wurde die Haut im 18. Jahrhundert mit Erdrauch *(Fumaria* ssp.) eingerieben.

Er wirkt zwar nicht, hilft jedoch gegen Würmer.

Heute nicht mehr zu empfehlen!

Lindernde Kräuter wie Eibisch werden, mit Wasser vermischt, zu Gel. Sie geben der Haut Feuchtigkeit.

HAUTPFLEGE

Buttermilch wird seit Jahrhunderten als Grundlage für Gesichtscremes verwendet. Vollmilch ist ebenfalls geeignet. Auch eine Kräuterabkochung reinigt das Gesicht sanft.

Wenn Sie Ihre Kosmetika selbst herstellen, können Sie kleine Mengen zubereiten und damit experimentieren. Nehmen Sie Zutaten, die zu Ihrem Hauttyp passen: zusammenziehende Kräuter für fette Haut, lindernde und Feuchtigkeit spendende für trockene Haut.

KRÄUTER FÜR DIE HAARE

Seifenwurz wird seit langem für die Haarwäsche und das Säubern feiner Stoffe benutzt. Sie enthält Saponine, die im Wasser schäumen. Alle Teile der Pflanze sind für eine sanfte Reinigung geeignet.

Für glänzendes Haar: Spülungen mit Rosmarin, Ringelblume, Salbei, Schachtelhalm, Brennnessel

Für blondes Haar: Kamille, Ringelblume, Schafgarbenblüten

Für dunkles Haar: Walnuss-, Holunder- oder Himbeerblätter, Holunderbeeren

SEIFENWURZ-SHAMPOO

Sie brauchen 10 Blätter mit Stiel, etwa 20 cm lang, oder 30 g Wurzel und 550 ml Wasser.

1. Schritt
Stiele oder Wurzel in kleine Stücke schneiden, mit einem Holzlöffel leicht zerdrücken und mit dem Wasser in einen Topf aus rostfreiem Stahl geben.

2. Schritt
Das Ganze zum Kochen bringen und 15 Minuten sieden lassen. Mehrmals umrühren.

3. Schritt
Abkühlen lassen, abseihen und anwenden. Das Haar mit einem Kräuteraufguss spülen.

TIPP

Seien Sie vorsichtig, wenn Sie das Haar mit Holunderbeeren färben wie die alten Römer – sie machen auch die Haut dunkler.

FRAUEN AUF DEM LAND VERWENDEN GARTEN-
PFLANZEN SEIT JAHRHUNDERTEN IM HAUSHALT.
FOLGEN SIE IHREM BEISPIEL!

Hilfe im Haushalt

WALNUSS

MÖBELPOLITUR

Polieren Sie Ihre Möbel mit Walnuss- und Haselnusskernen *(Coryllus avellana)*.
Beim Reiben wird das Öl der Nüsse freigesetzt. Reiben Sie zuerst kreisförmig,
dann in Richtung der Maserung. Sobald das Öl ein wenig getrocknet ist,
polieren Sie mit einem weichen Lappen nach. Mit Walnüssen können Sie auch
helle Flecke auf polierten Flächen abdunkeln. Eine Paste aus zerdrückten
Rosskastanien *(Aesculus hippocastanum)* vernichtet Holzwürmer. Im 17. Jahrhundert polierte man auch mit einer Mischung aus zerdrückten Süßdolden
(Myrrhis odorata) und Bienenwachs.

VOLKSGLAUBEN

• Manche schlichte Pflanze ist so wirksam
wie eine starke Chemikalie.
Die Blätter des Waldsauerklees *(Oxalis
acetosella)* sind ein natürliches Bleichmittel.
Lassen Sie sie 1 bis 2 Stunden in Wasser
ziehen, kochen Sie sie und verwenden
Sie den Sud.
Die Pflanze enthält viel Oxalsäure und
der Blattsaft entfernt Rost- und Tinten-
flecken aus Leinen und Baumwolle.

• Motten sind heute selten ein Problem.
Wenn doch, gibt es natürliche Repellents.
Legen Sie Waldmeister *(Galium odoratum)*,
Mädesüß *(Filipendula ulmaria)*, Wermut
oder Zedernholzspäne *(Cedrus ssp.)*
zwischen Ihre Kleider und Leintücher, da-
mit sie angenehm duften – auch ohne
Mottenplage.

SÜSSDOLDE

SCHEUERLAPPEN

Sie brauchen keine Scheuerlappen zu kaufen, wenn Sie einen
Vorrat an Schachtelhalm haben. Reiben Sie einfach mit den
Stielen und Blättern, die viel Kieselsäure enthalten. Kaufen Sie
keine teuren Markierstifte oder Namensschilder – stecken Sie
einen Stift in eine Schlehe und schreiben Sie mit dem Saft auf
Leinen und Baumwolle. Die ersten Siedler in Amerika nannten
die Kermesbeere *(Phytolacca ssp.)* auch „Tintenbeere"; sie
zerdrückten die Beeren für eine purpurrote Tinte.

- Die Franzosen nennen die Eber-
raute *(Artemisia abrotanum)* auch
„Kleiderschützerin".
Man mischt sie mit getrockneten Wermutblüten und
-blättern, Rosmarin, Hei-
ligenkraut *(Santolina* ssp.)
und Lavendel und füllt damit
Baumwollbeutel, um Insekten
fernzuhalten.
Für duftende Kleider füllen Sie einen
Beutel mit einem Kraut gegen Motten
oder mit Waldmeister, Mädesüß oder
Holunderblüten und legen ihn in den
Schrank.

- In Amerika gilt das Balsamkraut *(Chrysanthemum balsamita)* als „Bibelpflanze",
weil die Puritaner die duftenden Blätter
als Lesezeichen in die Bibel legten.
Schon im Mittelalter wurden Bücher mit
Balsamkraut vor Insekten geschützt.
Legen Sie getrocknete Blätter
zwischen Seidenpapier in Ihre
Bücher oder verwenden Sie
Waldmeister, der keine Spuren
hinterlässt.

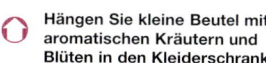

Hängen Sie kleine Beutel mit
aromatischen Kräutern und
Blüten in den Kleiderschrank.

Lavendelkissen vertreiben Ungeziefer aus Schubladen und
Schränken und duften angenehm.

- Fertigen Sie eine kleine
Matte für Ihren Hund oder
Ihre Katze, die Labkraut
(Erigeron ssp.) enthält,
oder hängen Sie Moor-
gagelstrauch-Zweige
(Myrica gale) über den
Ruheplatz, um Flöhe
abzuschrecken.

- Kleine Brandflecke im
Teppich entfernen Sie
durch Abreiben mit einer
durchgeschnittenen
rohen Zwiebel.

METALLPOLITUR

1. Schritt
25 g Schachtelhalm mit
550 ml kochendem
Wasser übergießen.

2. Schritt
Das Ganze 2 Stunden
ziehen lassen, dann
aufkochen und 15 Mi-
nuten sieden lassen.

3. Schritt
Auf Metall (auch Zinn)
gießen und 5 Minuten
einwirken lassen.

4. Schritt
Das Metall abtropfen
und trocknen lassen,
dann mit einem
weichen Lappen
polieren.

WERMUT

DIE MEISTEN PFLANZEN HELFEN UND HEILEN, DOCH
EINIGE GELTEN ALS UNGLÜCKSBRINGER. WENN SIE ABER-
GLÄUBISCH SIND, SOLLTEN SIE DIESE PFLANZEN MEIDEN.

Unglücksbringer

FLIEDER

Der Glaube, dass manche Pflanzen im Haus Unglück bringen,
hält sich hartnäckig. Flieder wächst in unzähligen Gärten und
schützt diese angeblich vor bösen Geistern – doch im Haus
bringt er den Tod. In Nordeuropa wird er nicht ins Haus gebracht, weil man früher Gräber damit säumte. In Krankenzim-
mern ist er daher erst recht verpönt.

FLIEDER

VOLKSGLAUBEN

- Weißdorn *(Cratageus* ssp.) wird in England nicht ins Haus gebracht, weil er
„süß wie der Tod riecht".
Das stimmt sogar, denn er enthält Tri-
methylamin, das sich auch beim Zerfall
einer Leiche bildet!

- Früher glaubte man, dass dort, wo dicke
Bohnen blühen, häufiger ein Unglück ge-
schieht.
Um Unglück ein Jahr lang ab-
zuwenden, streuten Hausbe-
sitzer Bohnensamen rund
ums Haus.

WEISSDORN

BÖSES OMEN

Auch das Schneeglöckchen
(Galanthus nivalis) gilt trotz
seiner Schönheit als Todes-
bote. Es symbolisiert zwar
Reinheit, soll aber Kranken
Unglück bringen.

Die Blutjohannisbeere
(Ribes sanguineum) und das
Maiglöckchen *(Convallaria
majalis)* dürfen ebenfalls
nie ins Haus, sonst stirbt
angeblich jemand noch im
selben Jahr.

SCHNEEGLÖCKCHEN

- In Geschichten über den Klatschmohn steckt ein Körnchen Wahrheit. Ein Kriegsveteran berichtet, er und seine Kameraden hätten nach einem Marsch durch ein Mohnfeld „tagelang nur noch Rot gesehen".

- Adlerfarn soll schlechtes Wetter und Unglück bringen. Besonders Schweinen und Pferden soll er schaden. Er enthält ein Enzym, das Vitamin B1 abbaut, worunter die Nerven, die Muskeln und das Herz leiden.

GEFÄHRLICHE PFLANZEN

Wiesenkerbel *(Anthriscus silvestris)* gilt als Unglücksbote und darf nicht gepflückt werden. Vielleicht wollte man damit einst Kinder davon abhalten, den ähnlich aussehenden, jedoch giftigen Gefleckten Schierling zu pflücken.

Auch Klatschmohn *(Papaver rhoeas)* soll Unglück bringen und Kopfweh, Ohrenschmerzen, Nasenbluten oder gar Blindheit hervorrufen. Der Mondsame *(Menispermum ssp.)* hieß bei den Indianern „Donnerrebe" oder „Geisterfrucht". Seine giftigen Beeren sehen in der Tat wie Weintrauben aus.

WIESENKERBEL

SCHLECHTES WETTER

Wo die Menschen vom Wetter abhängen, rankt sich viel Aberglaube um Pflanzen. Die Rote Lichtnelke *(Silene dioica)* und die Ackerwinde *(Convolvulus ssp.)* galten einst als Donnerpflanzen, die Gewitter auslösen sollten, wenn sie gepflückt wurden. Vermutlich wollte man damit Unbefugte daran hindern, Felder zu betreten.

Die Schwarze Walnuss *(Juglans nigra)* zieht angeblich den Blitz an. Darum mieden amerikanische Schiffsbauer dieses Holz, und es galt schon als gefährlich, eine einzige Nuss mit an Bord zu nehmen. Die Hülsen enthalten eine Substanz, die Parasiten – etwa Holzwürmer – vertreibt.

- Jahrhunderte lang galt es als gefährlich, wenn eine Schwangere über Alpenveilchen ging – angeblich drohte ihr eine Fehlgeburt. Es wurde aber auch behauptet, diese Pflanze erleichtere die Entbindung. Der Grund dafür könnte der lange, gekrümmte Samenstiel sein, der senkrecht aus den Blättern ragt.

- Geflügelhalter wollten früher keine gelben Frühlingsblumen im Haus haben – sie meinten, die Zahl der ausgebrüteten Küken werde nur so groß sein wie die Zahl der ersten ins Haus gebrachten Salweidenblüten.

Es gibt viele Geschichten über Alpenveilchen und ihren Einfluss auf Schwangere.

KAPITEL 8

WISSENSCHAFT UND MAGIE

WAS DIE MENSCHEN FRÜHER GLAUBTEN UND TATEN, IST UNS OFT HEUTE NOCH NÜTZLICH, AUCH WENN UNS DIE BEGRÜNDUNG UNSINNIG ERSCHEINEN MAG. ZAHLREICHE PFLANZEN WURDEN EINST MIT ZAUBEREI IN VERBINDUNG GEBRACHT – SO MANCHE „GEFÄHRLICHE" PFLANZE LIEFERT UNS HEUTE WIRKSAME MEDIKAMENTE.

APHRODISIAKA GALTEN NOCH VOR KURZEM ALS PRODUKTE DER FANTASIE. DOCH WENN WIR SOLCHE PFLANZEN ANALYSIEREN, STELLEN WIR FEST, DASS SIE UNSER VERHALTEN TATSÄCHLICH BEEINFLUSSEN KÖNNEN – WENN AUCH DIE BIOCHEMIE UND NICHT DIE MAGIE DARAN SCHULD IST.

VIELE PFLANZEN, DIE EINST ALS HEXEN- UND ZAUBERKRÄUTER GALTEN, SIND IN DEN LETZTEN JAHREN WISSENSCHAFT-LICH ERFORSCHT WORDEN – OFT GIBT ES GUTE GRÜNDE, SIE AUS DEM GARTEN ZU VERBANNEN.

Schädliche Pflanzen

VOLKSGLAUBEN

Tollkirsche, Stechapfel, Bilsenkraut und Eisenhut waren Bestandteile einer Salbe, mit der sich angeblich Hexen einrieben. Für den Hausgebrauch sind die Pflanzen zu giftig, doch es werden daraus wichtige Medikamente hergestellt, die gegen Asthma, Parkinson und andere Krankheiten eingesetzt werden.

GIFTPFLANZEN

Viele Pflanzen, denen früher übernatürliche Kräfte zugeschrieben wurden, sind giftig. Die Mythen, die sich um sie ranken, sollten die Menschen vom Verzehr abhalten. Der Weiße Stechapfel *(Datura stramonium)* galt einst als Zauberpflanze. Heute wissen wir, dass sein Gift zum Delirium und sogar zum Tod führen kann. Die Tollkirsche *(Atropa belladonna)* war als Hexenkirsche gefürchtet. Sie enthält Alkaloide, die Enzyme im Nervensystem hemmen und tödlich sein können.

TIPP

• Der Bittersüße Nachtschatten *(Solanum dulcamara)* ist weniger giftig als die mit ihm verwandte Tollkirsche. Dennoch sind seine Beeren nicht essbar, da sie Nitrate in giftiger Dosis enthalten.

• Wenn Sie eine Giftpflanze gegessen haben, rufen Sie sofort den Giftnotruf oder den Notarzt an. Früher trank man den Tee der Knolligen Seidenpflanze, um Erbrechen auszulösen.

BILSENKRAUT

Das Schwarze Bilsenkraut *(Hyoscyamus niger)* wurde im 17. Jahrhundert „Satanskraut" genannt. Man benutzte es als Mittel gegen Würmer, und es galt als besonders wirksam, wenn eine Jungfrau auf dem rechten Fuß stand, während sie es mit dem kleinen Finger pflückte. Als Gartenpflanze ist es nicht zu empfehlen, denn es ist sehr giftig. Obwohl der Blaue Eisenhut *(Aconitum napellus)* in Klöstern als Heilkraut verwendet wurde, galt auch er als Hexenkraut. Am giftigsten ist seine Wurzel, aber auch die bloße Berührung anderer Teile kann eine Hautentzündung auslösen.

GIFTSUMACH

GIFTSUMACH

Pflücken Sie nie behaarten Giftsumach *(Rhus toxicodendron),* denn er löst oft starke allergische Symptome aus. Dennoch schluckten manche Menschen einst ein Blatt, um immun zu werden. Blätter und Stiele enthalten ein Öl, das Ausschlag oder Pusteln, oft mit starkem Juckreiz, hervorruft.

VOLKSGLAUBEN

- Früher wusch man sich nach einem Kontakt mit Giftsumach mit brauner Seife, um den Saft zu entfernen. Schuld am Ausschlag sind jedoch giftige Substanzen, die sich mit dem Eiweiß in der Haut verbinden.

- Pilzsammler sollten vorsichtig sein. Es gibt keine eindeutigen Zeichen, die Giftpilze entlarven – Silberlöffel und -münzen wechseln nicht die Farbe, wie man einst glaubte.

  Nehmen Sie also zum Sammeln immer ein gutes Handbuch mit.

GIFTPILZE

GEFLECKTER SCHIERLING

Der Gefleckte Schierling *(Conium maculatum)* ist eine legendäre Giftpflanze, deren Verzehr zum Ersticken führt. Sokrates starb nach einem Schierlingstrunk. Der botanische Name ist vom griechischen konos (Kreisel) abgeleitet, denn Schierlingssaft löst Benommenheit aus. Die Blüten ähneln denen des Wiesenkerbels, doch die ganze Pflanze riecht stechend.

GEFLECKTER SCHIERLING

ROSEN

RÜMPFEN SIE NICHT DIE NASE ÜBER DIE ALTEN LIEBESTRÄNKE – ES KÖNNTE ETWAS DRAN SEIN. WENN SIE EINEN MUNTERMACHER BRAUCHEN, SUCHEN SIE IHN IM GARTEN.

Aphrodisiaka

EINE ROSE FÜR DIE LIEBE

Was könnte romantischer sein als eine herrliche, duftende dunkelrote Rose (*Rosa* ssp.)? Die rote Rose ist in vielen Kulturen das älteste und bekannteste Symbol der Liebe. Kaiser füllten ihre Festsäle und Brunnen mit den Blütenblättern der Rose und das Landvolk hatte seine eigenen Rosen-Rituale. Heute verkaufen Blumenhändler Millionen von Rosen als Zeichen der Liebe.

VOLKSGLAUBEN

Wenn Sie an einer Rose schnuppern, lösen Sie eine Kettenreaktion aus: Bestimmte Enzyme werden freigesetzt, die Neurotransmitter stimulieren – dadurch wird ein Wohlgefühl ausgelöst und alle Sinne werden geschärft.

Kräuterkundige wissen seit langem, dass die Rose Substanzen (Vitamine, Säuren und Tannin) enthält, die zusammen ein Aphrodisiakum bilden.

Die Blütenblätter fördern die Durchblutung der Geschlechtsorgane, vor allem bei der Frau; sie steigern das Verlangen, helfen bei Impotenz und stärken das sexuelle Selbstvertrauen.

Aromatherapeuten behandeln sexuelle Probleme aller Art mit Rosenöl.

DIE ALRAUNE

Die Alraune (*Mandragora officinarum*) galt Jahrhunderte lang als Aphrodisiakum, weil ihre große, fleischige, zweigeteilte Wurzel einem nackten Menschen ähnelt. Sie wurde bewundert und gefürchtet – einerseits sollte sie fruchtbar und reich machen, andererseits unfruchtbar und arm. Die Wurzeln wurden für den Liebeszauber verkauft und Hellseher wollten mit ihnen ihre Kräfte stärken.

ALRAUNE

VOLKSGLAUBEN

- „Wenn Frauen wüssten, wie Sellerie auf Männer wirkt, würden sie ihn zu jeder Mahlzeit servieren." Diese alte Redensart spielt auf die lange Geschichte des Selleries *(Apium graveolens)* als Aphrodisiakum an. Selleriesamen gehörten zu den bevorzugten Aphrodisiaka der alten Römer. Fenchel und Sellerie fördern die Verdauung, entwässern und verbessern die Durchblutung der Geschlechtsorgane.

- Die Pfefferminze galt einst als starkes Liebeskraut. Deshalb durften griechische Soldaten sie nicht essen, damit sie nicht abgelenkt wurden. Araber tranken Minztee, um die Manneskraft zu stärken. Vielleicht macht die Minze Appetit auf die Liebe, weil sie die Durchblutung fördert.

- Scharfer Paprika wird seit langem verzehrt, um das „Feuer" im Körper zu schüren. Die gleichen Vorzüge werden dem Ingwer und anderen scharfen Gewürzen nachgesagt. Sie weiten die Blutgefäße, sodass die Haut empfindlicher wird.

SELLERIE

MINZTEE

VOLKSGLAUBEN

- Auch Knoblauch gilt als Aphrodisiakum und Jugendelixier.

  Mit der Petersilie ist mehr Aberglaube verbunden als mit jeder anderen Pflanze – kein Wunder, dass auch sie als Liebeskraut gilt. Sie wurde früher „unwilligen" Frauen gegeben.

  Ginkgosamen werden als Tonikum verabreicht, das die sexuelle Energie steigern und das Gehör verbessern soll.

- Die Form des Spargels *(Asparagus officinalis)* gilt als Hinweis für seine stärkende Wirkung auf die Manneskraft.

  Er entwässert – und stimuliert daher die Genitalien.

  Frauen treibt er eher ins Badezimmer als ins Schlafzimmer!

TIPP

Knoblauch, Petersilie und Ginkgo fördern die Durchblutung, geben Energie und wirken dem Altern entgegen.

SPARGEL

PETERSILIE

PFLANZEN REAGIEREN AUF NETTE
ANSPRACHE. SELBST WENN SIE
NICHT DARAN GLAUBEN, KANN ES
ZUMINDEST NICHT SCHADEN.

Mit Pflanzen sprechen

WARUM MIT PFLANZEN REDEN?

Die Menschen haben schon immer mit Pflanzen gesprochen, sie ermutigt oder verflucht. Einst glaubte man, jede Blume, jeder Baum habe einen Geist, den man loben müsse. Heute noch werden in Obstgärten und vor Apfelbäumen Lieder gesungen, um eine gute Ernte zu sichern.

In vielen alten Liebeszauber- und Pflanzritualen auf dem Land wurden Pflanzen mit Gesängen gefeiert. „Hanfsamen säe ich hier – bring meine wahre Liebe zu mir" war im 18. Jahrhundert ein beliebter Liebesspruch. In den USA singen manche Bauern heute noch: „So dick wie mein Hintern, so rund wie mein Kopf", wenn sie Kohl oder Steckrüben pflanzen, um den Ertrag des Feldes zu steigern.

VOLKSGLAUBEN

• Auch der große amerikanische Gartenbauer Luther Burbank (1849–1926) sprach mit Pflanzen. Er züchtete einen Kaktus ohne Stacheln und behauptete, das sei ihm nur gelungen, weil er oft mit seinen Pflanzen geredet und ihnen versichert habe, sie bräuchten sich nicht zu verteidigen.

• Laute Geräusche veranlassen die Mimose *(Mimosa pudica),* ihre Blätter zu schließen.
Moderne Wissenschaftler bestätigen, dass alles aus Schwingungen (oder elektrischen Signalen) besteht – so ist es im Grunde natürlich, wenn Pflanzen auf unsere Stimme reagieren.

MIMOSE

○ **Fantastisch gedeihende Blumen dank regelmäßiger Ansprache? Es ist einen Versuch wert!**

KOHLENDIOXID

Nach Ansicht mancher Menschen regt das Kohlendioxid in unserem Atem das Pflanzenwachstum an. Zudem fallen Ihnen Veränderungen an ihren Pflanzen eher auf, wenn Sie regelmäßig mit ihnen reden, und Sie merken schnell, ob sie Nährstoffe und Wasser brauchen oder Schädlinge sie plagen.

VOLKSGLAUBEN

In Österreich ist das „Tonsingen" heute noch Brauch.

Um seine Ernte zu verbessern, wirft ein Bauer Lehmerde in ein großes Fass mit Wasser, rührt zuerst rechts herum, dann links herum und singt dabei eine bestimmte Melodie. Dann spritzt er das Wasser auf frisch besäte Felder.

Offenbar verändert der Gesang die Schwingung des Wassers und des Lehms, sodass beides den jungen Pflanzen mehr Energie spendet.

TABAKPFLANZE

MITEINANDER REDEN

Pflanzen „sprechen" mit ihren Nachbarn, einige warnen andere vor Krankheiten. Eine Tabakpflanze, die mit Viren infiziert ist, sondert Salizylat ab, das ihre Nachbarn widerstandsfähiger macht. Die Chemikalie verdunstet, wird als Gas zur Nachbarpflanze geweht und dort wieder in Salizylat umgewandelt.

Einige Leute glauben, dass Pflanzen auch mit uns reden. Sie behaupten, dass Bäume schreien, während sie gefällt werden, und Blumen weinen, wenn man sie ausreißt. Kann ein Mensch sich auf die „Wellenlänge" einer Pflanze einstimmen, ist es denkbar, dass er sie „hört" – wissenschaftlich bewiesen ist das jedoch nicht.

169

Register

Kursiv gedruckte Zahlen beziehen sich auf Abbildungen.

Danksagungen

Quarto Publishing dankt folgenden Personen und Institutionen dafür, dass sie Abbildungen für dieses Buch zur Verfügung gestellt haben. Das Copyright für alle anderen Fotos und Zeichnungen besitzt Quarto Publishing.

Schlüssel: l links, r rechts, m Mitte, o oben, u unten

8 The Art Archive, 9 The Art Archive, 10l J-L Charmet, 10 o r J-L Charmet, 10 u r J-L Charmet, 11 o The Art Archive, 12 o r J-L Charmet, 13 u l J-L Charmet, 13 o r J-L Charmet, 14 The Art Archive, 15 The Art Archive, 23 o Heather Angel, 24 u Heather Angel, 32 Andrew Lawson/GardenImage, 34 o Wally Eberhart/Garden-Image, 37 o Virginia Weiler/GardenImage, 38 u John Glover/GardenImage, 43 m Virginia Weiler/Garden-Image, 44/45 o John Glover/GardenImage, 46 Carole Ottesen/GardenImage, 48/49 o Nancy Trueworthy/GardenImage, 50/51 u Harry Smith, 55 o Harry Smith, 57 o Wally Eberhart/GardenImage, 61 o Harry Smith, 66 Mel Wolk/GardenImage, 68 l Bof Stefko/Garden-Image, 68/69 o Ian Adams/GardenImage, 71 u Mark Bolton/GardenImage, 72 l Mark Bolton/GardenImage, 73 o John Glover/GardenImage, 76 u Nancy True-worthy/GardenImage, 77 u Harry Smith, 78 m Mark Bolton/GardenImage, 78/79 o Harry Smith, 80 m Andrew Lawson/GardenImage, 85 r John Glover/GardenImage, 88 Dave Bevan, 89m Virginia Weiler/GardenImage, 93 m Heather Angel, 94 m Brian Rogers/Biofotos, 99 r Heather Angel, 101 l Heather Angel, 106 o Dave Bevan, 110/111 u Russell Illig/GardenImage, 113 o Phillip Roullard/GardenImage, 116 Mark Bolton/GardenImage, 119 l Harry Smith, 120 John Glover/GardenImage, 125 o l Mel Wolk/GardenImage, 122/123 m Harry Smith, 123 u Hotshot/GardenImage, 124/125 u John Glover/GardenImage, 128 Andrew Lawson/GardenImage, 132/133 m Wally Eberhart/GardenImage, 136/137 m Mark Bolton/GardenImage, 138 r Harry Smith, 139 Harry Smith, 141 l Gerald Tang/GardenImage, 143 r Virginia Weiler/GardenImage, 145 u r Harry Smith, 147 John Glover/GardenImage, 154 u Harry Smith, 158 u John Glover/GardenImage, 160 u Harry Smith, 160 o John Glover/GardenImage, 164/165 u Ian Adams/GardenImage, 165 m Gerald Tang/GardenImage, 167 u Wally Eberhart/GardenImage, 169 u Harry Smith.

Die Gartengeräte, die für dieses Buch fotografiert wurden, stellten Nursery Trades (Lea Valley) Limited zur Verfügung. Auch ihnen gilt unser Dank.

Wir haben uns bemüht, alle zu erwähnen, die einen Beitrag für dieses Buch geleistet haben. Sollte uns dabei ein Fehler unterlaufen sein, bitten wir um Entschuldigung.